AF283452

Guía para el docente y solucionarios

Producción editorial

Editado por: IC Editorial
c/ Cueva de Viera, 2, Local 3
Centro Negocios CADI
29200 Antequera (Málaga)
Teléfono: 952 70 60 04
Fax: 952 84 55 03
Correo electrónico: iceditorial@iceditorial.com
Internet: www.iceditorial.com

Guía para el docente y solucionarios:
Producción editorial

1ª Edición

ISBN: 979-13-7027-067-4
Depósito Legal: MA 1788-2025

Impresión: PODiPrint
Impreso en Andalucía - España

Índice

Bloque 1
Guía para el docente: técnicas de enseñanza y aprendizaje

Contenido

1. Introducción

El presente capítulo está destinado a ofrecer al cuerpo docente responsable de la enseñanza del programa de cualificaciones profesionales y certificados de profesionalidad, una guía metodológica para obtener el máximo rendimiento de los contenidos formativos que han sido desarrollados para el presente título.

La mejora de las habilidades comunicativas y la aplicación de una metodología contrastada de enseñanza, aprendizaje y evaluación permitirá transmitir el conocimiento y adquirir el programa formativo de la forma más efectiva y práctica posible.

Estudiaremos cuáles son los principales elementos que forman parte de la comunicación profesor-alumno, a través de una cuidada selección de sistemas de planificación de estrategias didácticas, así como la utilización de medios y recursos didácticos.

La integración de todas las actividades planificadas alrededor de un plan de formación adaptado e individualizado, aumentará además la satisfacción del alumnado por la utilización de un sistema no lineal e interactivo que se retroalimenta gracias a la relación establecida entre la propia metodología y los actores que forman parte de la enseñanza.

2. El programa de formación

Una de las claves del éxito de la mayoría de las actividades que se realizan en general, y concretamente en la formación, es la **programación.** Es necesaria la programación de las acciones formativas, para que así se pueda alcanzar el objetivo final, es decir, que el alumno obtenga una buena capacitación y adquiera nuevos conocimientos en su repertorio y que, después, sea capaz de emplearlos en su trabajo.

2.1. Definición de programación

Cuando se habla de **programación,** se pueden encontrar multitud de definiciones. Para sintetizar, se podría definir como la actividad de enunciar lo que se quiere hacer (objetivos, contenidos, métodos, temporalización, medios y recursos didácticos y evaluación).

 Definición

Programación
Es un plan donde se establecen las acciones que se van a realizar en un proceso de enseñanza-aprendizaje, por medio de un formador o un equipo.

A continuación, se va a describir una serie de características que tiene que tener una programación didáctica:

- Dinámica. Una programación no es estática ni está acabada, siempre está en constante revisión, de ahí su dinamismo. Además va cambiando o evolucionando según los resultados de la evaluación continua que se va realizando durante la ejecución de la acción.
- Flexible. Esta característica permite que se puedan hacer cambios, ampliaciones, reducciones y actualizaciones de los contenidos y actividades programadas, según las necesidades que se observen.
- Creativa. La programación como es un diseño propio y exclusivo, exige creatividad y originalidad. El docente es el que decide sobre el quehacer en el aula teniendo en cuenta las características del grupo, las necesidades que se pretenden satisfacer y las propias posibilidades.
- Prospectiva. La programación consiste en hacer un pronóstico de la interacción que se va a producir en el aula.

■ Sistemática. La programación es un proceso sistematizador que da coherencia a la acción formativa, ya que tiene en cuenta todos los elementos (objetivos, contenidos, métodos, temporalización, medios y recursos pedagógicos y evaluación) que intervienen en el acto educativo y analiza sus relaciones.

■ Integradora. Permite integrar elementos de cualificación técnico-profesionales con elementos de cualificación personal de alumnado.

■ Funcional. Toda programación debe basarse en el perfil profesional de la ocupación y estructurar los contenidos formativos que proporcionan las competencias de ésta.

2.2. Elementos de la programación

Antes de empezar cualquier programación formativa, es necesario tener en cuenta los datos obtenidos del análisis de la ocupación y del grupo al que se dirige la acción formativa. A partir de esta información, se determinan los elementos que van a conformar la programación.

Cuando se realiza la programación de un curso, hay que plantearse previamente las siguientes preguntas:

1. ¿Qué quiero conseguir con la formación?	OBJETIVOS
2. ¿Qué conocimientos deben asimilar los alumnos para alcanzar los objetivos propuestos?	CONTENIDOS DEL CURSO
3. ¿Cómo trabajamos en el aula? ¿Qué actividades son las que realizamos?	MÉTODOS DE ENSEÑANZA
4. ¿Cuánto tiempo tengo y cuánto dedico a cada módulo?	TEMPORALIZACIÓN
5. ¿Qué medios y recursos didácticos se necesitan para poder llevar a cabo esas actividades?	MEDIOS Y RECURSOS DIDÁCTICOS
6. ¿Cómo sabemos que se ha producido el aprendizaje?	EVALUACIÓN

3. Factores determinantes de la efectividad de la comunicación en el proceso de enseñanza-aprendizaje

En toda comunicación que se produzca en el proceso de enseñanza-aprendizaje, existen factores determinantes que obstaculizan o refuerzan este proceso.

3.1. Obstáculos de la comunicación

Relacionados con el emisor

- No expresar de forma clara qué mensaje se quiere transmitir.
- Comentar algo a lo largo de la explicación que no sea lo correcto y pueda resultar desagradable.
- Cambiar el tema de conversación.
- Desviarse del tema que se está tratando.
- No mirar al receptor cuando se quiere expresar algo.
- No estar atento a las señales que emite el receptor.
- Expresar alguna idea a través de los gestos que no se corresponda con la idea a comunicar.

Relacionados con el receptor

- No comprender las ideas que quiere expresar el emisor.
- No pedir explicación al emisor de aquella información que no le haya quedado clara.
- Interrumpir al emisor cuando está hablando.
- Captar algo diferente a lo que el emisor desea transmitir.

Relacionados con el mensaje

- Mensaje confuso.
- Mensaje muy corto.
- Mensaje muy extenso.
- Abuso de muletillas.
- Utilización de frases sin terminar.
- Dar "rodeos" para decir la idea principal.

Relacionados con el contexto

- No ser el momento adecuado para transmitir algo.
- No saber escoger el lugar oportuno.
- La presencia de ruidos y de interferencias.
- No pensar en las personas que están cerca.

Relacionados con el código

- No utilizar el mismo código que la persona con la que se habla o a la que se escucha.
- No adaptar el vocabulario a la situación o a la persona con la que se conversa.
- Utilizar el doble sentido.

3.2. Sugerencias para el mejor funcionamiento de la comunicación

Emisor

- Acostumbrarse a planificar la comunicación.
- Concretar visiblemente los objetivos.
- Buscar la retroalimentación en la comunicación.
- No tratar de impresionar al receptor.

Mensaje

- Que sea claramente entendido por el receptor.
- Que la terminología usada sea de referencia común.
- Que reclame la atención y el interés del alumnado.
- Que sea sencillo de interpretar.
- Que su contenido sea adecuado y convincente.
- Que produzca el máximo efecto posible.

Canal

- Que sea el más apropiado al grupo al que se dirige, al contenido del mensaje y al objetivo que persigue el formador.
- Que sea el que cause mayor impacto en el receptor.
- Que sea el más eficaz.
- Que sea el que mejor domine el formador.

4. La comunicación verbal y no verbal en el proceso instructivo

Los medios de comunicación pueden agruparse en dos grandes bloques: los **medios verbales,** que son aquellos que usan la lengua como código compartido; y los **medios no verbales,** que son los que se fundamentan en otros códigos simbólicos. A su vez, dentro de los medios verbales, están el medio escrito y el medio oral.

Cada uno de estos medios tiene sus ventajas y sus inconvenientes, por lo que la selección del medio deberá tener en cuenta las circunstancias y características que en cada caso presenta el comunicador, la audiencia y el mensaje que se ha de transmitir.

4.1. Los medios verbales

La comunicación verbal

La comunicación verbal se utiliza para comunicar ideas o dar información, opiniones, expresar o describir sentimientos, etc. Sirve de vehículo a los contenidos explícitos del mensaje. Para garantizar la efectividad de la comunicación, es necesario que el mensaje se presente de forma descriptiva y operativa, pero siempre teniendo muy en cuenta el código común del grupo al que va dirigida esta comunicación.

Un uso correcto del lenguaje oral ayuda a acercarse más a los alumnos. Los principales aspectos a considerar son los que aparecen a continuación.

Construcciones gramaticales

El objetivo será transmitir el mensaje de la manera más clara posible. Se deben evitar los giros rebuscados, la sintaxis complicada y las metáforas. En las explicaciones y conversaciones debe primar el contenido sobre la forma.

Vocabulario

Es importante saber qué palabras van a expresar mejor los conceptos que se desean transmitir y las que pueden ser comprendidas mejor por los alumnos. El análisis previo de los alumnos ayuda a saber qué términos técnicos se pueden utilizar sin problemas, cuáles se tienen que explicar y cuáles se deben evitar.

En general, siempre hay que mantenerse dentro de un lenguaje formal, evitando los vocablos demasiado coloquiales, las palabras extranjeras, las referencias académicas y expresiones de carácter religioso, político, deportivo o cultural, que pueden resultar agresivas para los alumnos.

Ejemplos

Los conceptos abstractos que pueden aparecer y que dificultan la adquisición de los contenidos, tienen que ser expresados mediante las explicaciones del formador, siempre apoyándose en la visualización.

La comunicación escrita

La comunicación escrita posee un carácter más veraz que la oral. La interacción que tiene lugar entre el emisor y el receptor no es inmediata, en algunas ocasiones no llega a producirse jamás. Este tipo de comunicación ofrece más oportunidades expresivas y mayor complejidad gramatical, sintáctica y léxica. También hay que tener en cuenta que a veces dificulta la expresión y/o puede no proporcionar *feedback* de manera inmediata.

4.2. Los medios no verbales

Al igual que las palabras, los elementos de la comunicación no verbal son signos que representan una idea (se excluyen todos los signos lingüísticos).

A diferencia de la comunicación verbal, su función no se centra sólo en la transmisión de contenido, sino que traspasa esa frontera para expresar también las emociones del emisor, controlar la interacción y proporcionar *feedback* del efecto que el mensaje produce en el receptor. Todas estas funciones son muy útiles para el formador, tanto en su tarea de transmisor de conocimientos como en la tarea de motivar y dirigir al grupo.

A continuación, se detallan las diferentes categorías en las que se agrupan los elementos de la comunicación no verbal.

Kinesia

Posturas

Una de las primeras cosas que el formador debe transmitir a sus alumnos es confianza y seguridad, lo que puede conseguirse a través de una postura erguida (sin llegar a ser arrogante), de pie, apoyándose sobre los dos pies y manteniendo la cabeza alta.

Esta postura es útil, especialmente durante la presentación del curso, porque ayuda a relajar el cuerpo, a facilitar la respiración y a controlar las muestras de nerviosismo, al tener un buen apoyo en el suelo.

A medida que avanza el curso, se pueden adoptar otras posturas que faciliten el descanso (apoyarse), el acercamiento (echar el cuerpo hacia delante) o que resten protagonismo (sentarse).

Gestos

Los gestos son un buen aliado del formador, excepto cuando éste se siente incómodo o nervioso. Gestos de carácter adaptador, como rascarse o colocarse la ropa, pueden delatar su estado emocional.

La mayoría de los gestos cumplen la función de reforzar el mensaje verbal (ilustradores), aunque existen otros cuya función es regular las intervenciones cuando se dirige una discusión de grupo.

Expresiones faciales

Las expresiones de la cara transmiten las emociones y permiten obtener fácilmente una respuesta del alumno.

Una expresión facial agradable, como una sonrisa no forzada, facilita la creación de un ambiente relajado en el aula. Una sonrisa puede ser muy útil también para romper la tensión que inevitablemente surge en algunas sesiones.

Mirada

La mirada, junto con la postura, es uno de los mejores métodos para transmitir confianza (en momentos de nerviosismo se tiende a apartar la vista) y para captar la atención de los alumnos.

Mientras el formador habla debe mantener la mirada sobre los alumnos la mayor parte del tiempo, mirándolos el tiempo suficiente como para que se sientan atendidos pero no incómodos. También se puede utilizar la mirada durante las discusiones de grupo, con una función reguladora de las distintas intervenciones.

Desplazamientos

Realizar desplazamientos en el aula capta la atención del alumnado, además de facilitar el contacto visual. Hay que procurar que no sean repetitivos o bruscos (pasear cerca de los alumnos), y cambiar de un recurso a otro (ir de la pizarra al retroproyector), etc.

Recuerde

Los recursos no verbales que estudia la Kinesia son:

I Posturas.
I Gestos.
I Expresiones faciales.
I Mirada.
I Desplazamientos.

Estos recursos pueden utilizarse tanto para reforzar lo que se expresa mediante la comunicación verbal como para sustituirlo.

Proxémica

El aspecto de la proxémica que más interesa es la proximidad física entre los individuos, ya que los alumnos pueden sentirse violentos si el formador se aproxima excesivamente a ellos o, por el contrario, verle distante si no se acerca.

Se debe prestar atención a este aspecto, tanto durante las intervenciones como al distribuir el espacio del aula que se va a emplear, evitando siempre que los asientos estén demasiado juntos o demasiado separados.

Paralingüística

Para captar la atención del público, los oradores suelen hacer uso de determinados aspectos como el tono de voz o las pausas, que en algunos casos pueden parecer exagerados.

El formador, aunque emplee el método de la lección magistral, no es un orador y, por tanto, no debe prestar especial atención a estos aspectos, excepto cuando le plantean algún problema, debido a la ansiedad, al cansancio o a un mal estado de salud. Practicar en voz alta y realizar grabaciones durante la fase de preparación puede ayudar a vencer estas dificultades.

Volumen

Aunque el aula sea pequeña, se tiene que realizar el esfuerzo de hablar lo suficientemente alto para que todos los alumnos oigan las explicaciones y, a la vez, transmitir confianza. En general, el volumen se ajustará instintivamente cuando se compruebe dónde se sitúa la persona que se encuentra más alejada.

Entonación

El problema más frecuente, especialmente si se está cansado, es la monotonía, que no contribuye a captar la atención ni a motivar a los alumnos.

El interés que el formador muestre por el tema y una correcta preparación le hará destacar los puntos clave y jugar con la entonación de una forma adecuada a lo largo de toda la exposición.

Pronunciación

Los problemas se presentan especialmente cuando se está nervioso o se habla demasiado rápido. Se debe hacer un esfuerzo por articular todas las palabras de manera limpia y clara, abriendo la boca lo suficiente para pronunciar correctamente las sílabas, consonantes y vocales.

Velocidad

Una velocidad correcta puede ayudar a resolver problemas de pronunciación y de entonación. Se debe hablar a una velocidad normal o algo superior, para facilitar el mantenimiento de la atención. No obstante, si se está nervioso, se puede hablar con mayor lentitud para facilitar la respiración y relajarse. También se debe reducir la velocidad cuando se expliquen conceptos técnicos complejos o cuando se espere alguna respuesta por parte de los alumnos.

Recuerde

Los elementos que trata la Paralingüística son:

I El volumen.
I La entonación.
I La pronunciación.
I La velocidad.

Proyección física

Existen determinados factores que, sin que la persona diga ni haga nada, transmiten información y hacen referencia a la imagen física que esta persona proyecta.

Es fundamental que el formador transmita una imagen positiva para los alumnos. Se debe cuidar el aspecto externo y los artefactos que se usen, como los adornos y prendas de vestir. La manera adecuada de vestir depende de la situación y siempre debe estar en consonancia con lo que cada colectivo de alumnos espera del formador.

Ejemplo

Sería negativo vestir pieles para impartir un curso cuyo objetivo fuese desarrollar actitudes positivas hacia la protección del medio ambiente.

En cualquier caso, se debe llevar ropa que resulte cómoda, bien cuidada y no demasiado llamativa. A los adornos y al peinado se aplican las mismas reglas que al vestido.

Importante

Un objetivo fundamental del formador es dirigir la atención de los alumnos hacia el contenido que está desarrollando, nunca hacia su persona.

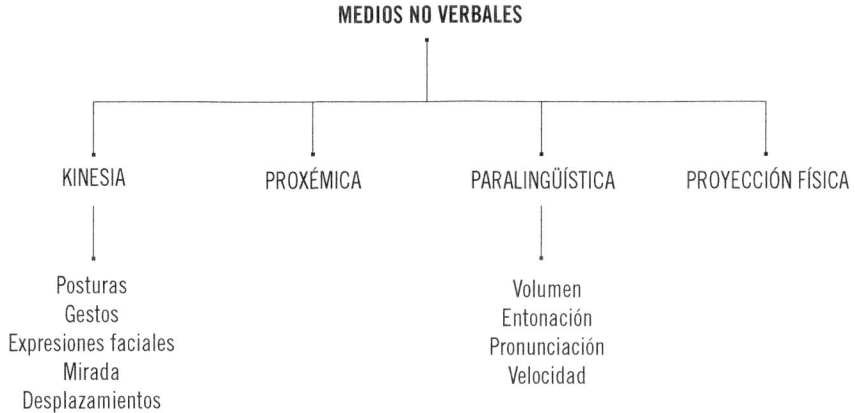

Finalmente, conviene recordar que si el formador observa atentamente la comunicación no verbal que expresan los alumnos, obtendrá una gran cantidad de información.

Hay numerosos signos no verbales que puede mostrar el alumno:

- **Atención:** posturas del cuerpo (inclinado hacia delante, hacia atrás...).
- **Necesidad de hablar:** movimientos sutiles de la boca, de la mano, etc.
- **Irritación:** movimiento de pies, manipulación de objetos sobre la mesa, etc.

- **Concentración:** tomar apuntes, mirar al docente, etc.
- **Cansancio:** cuerpo hundido, suspiros, etc.
- **Inercia:** silencios de todo el grupo, etc.
- **Desinterés:** cerrar el cuaderno, bostezar, mirar al vacío, etc.
- **Sorpresa:** levantar los brazos, abrir la boca, levantar las cejas, abrir los ojos, etc.

Si se observan estos elementos de forma atenta, se podrá obtener información sobre la comprensión del mensaje y el estado emocional de los alumnos, lo que será de gran utilidad para el formador durante el curso.

La comunicación no verbal aporta información al formador sobre los alumnos

5. Técnicas de secuenciación de contenidos

Una vez seleccionados los contenidos, hay que ordenarlos secuencialmente. La **secuenciación y estructuración de los contenidos** es el proceso que permite situarlos en una configuración que produce el máximo aprendizaje en el mínimo tiempo posible.

Algunas de las técnicas para la secuenciación de contenidos son las siguientes:

- Que los contenidos estén de acuerdo con los objetivos propuestos y con los plazos previstos para conseguirlos.

- Empezar por los contenidos más próximos y significativos para el alumno, para llegar poco a poco a lo desconocido. De esta manera, resultará más fácil introducir los nuevos contenidos.
- Ir de lo inmediato a lo remoto.
- Ir de lo concreto a lo abstracto.
- Ir de lo más fácil a lo más difícil. Esto motiva al alumnado porque le va mostrando los avances de manera rápida.

Las principales ventajas que este proceso conlleva son:

- Ayuda al participante a pasar de un conocimiento o habilidad a otro.
- Garantiza que los conocimientos y habilidades previas son alcanzados antes de introducir elementos nuevos.
- Reduce el tiempo de formación.
- Evita la confusión y los fallos en el participante.

Estos puntos son los principales aspectos a tener en cuenta cuando se realiza la presente fase de la programación de la formación, es decir, cuando se fijan los contenidos de la formación.

6. La selección y planificación de estrategias didácticas

Las personas que realizan un curso de formación son diversas, por ello es muy importante que las estrategias didácticas se adapten, de la mejor forma posible, al contexto y permitan una flexibilidad.

 Definición

Estrategias didácticas
Son procedimientos que el formador emplea para facilitar el aprendizaje, con la intención de que éste sea significativo.

Tras la selección y estructuración de contenidos, llega el momento de decidir la modalidad de formación a seguir y la metodología a utilizar en su impartición. Pero esta decisión no se puede tomar arbitrariamente, sino que ha de basarse en unos criterios. Los criterios de decisión básicos para determinar qué estrategia y qué método de formación es el adecuado, son:

- La compatibilidad con los objetivos.
- Los principios generales del aprendizaje del adulto: individualización, motivación, utilidad, practicidad, intereses, etc.
- Los principios de rigor, realismo y participación.
- El carácter eminentemente aplicativo de los aprendizajes.
- La posibilidad de transferir los aprendizajes al puesto de trabajo.
- Los recursos disponibles, incluido el tiempo.
- Los factores relacionados con los participantes, como el estilo de aprendizaje, la edad, el tamaño del grupo, la motivación, etc.

Una vez escogido el método, se observa que ninguno es químicamente puro, sino que unos participan de otros. Por lo demás, todo método puede ser adecuado o inadecuado dependiendo del modo en que sea empleado.

Los formadores deben utilizar los métodos flexiblemente, de la forma que mejor se adapten al estilo de formación, a la materia y a los alumnos, complementando cada método con la técnica y recurso didáctico más acorde.

7. La selección y planificación de medios y recursos didácticos

Para realizar cualquier acción formativa, hace falta algo más que elegir y aplicar unos métodos y unas técnicas. Son necesarios los medios y recursos didácticos, que van a ayudar a desarrollar la metodología seleccionada en el aula. Los medios y recursos didácticos permiten el trasvase de información formador-alumno.

 **Definición**

Medios didácticos
Son materiales elaborados para facilitar los procesos de enseñanza-aprendizaje.

Recursos didácticos
Son soportes mediante los cuales se presentan los contenidos del curso a los alumnos.

A la hora de escoger el medio o recurso a utilizar, se deben tener en cuenta los siguientes criterios:

- **Características de la materia o tema.** Dependiendo de la naturaleza de los contenidos, éstos pueden ser transmitidos por unos u otros métodos.
- **Los objetivos del curso.** Toda selección de medios y estrategias de enseñanza deben realizarse en función de éstos.
- **La disposición del aula y el número de alumnos.** Hay que tener cuidado, sobre todo en la visibilidad de alguno de los recursos, porque pueden perder eficacia.
- **Tiempo disponible para la formación.** Este elemento tiene que estar siempre presente, porque, en función del tiempo que se tenga, se elegirá lo que se adapte mejor a las necesidades.
- **Recursos disponibles,** ya que en algunas ocasiones están a nuestro alcance.
- **El uso que se haga de ellos,** cuál es la finalidad, qué es lo que se pretende y en qué momento se van a utilizar.
- **El nivel de conocimiento de los alumnos** sobre el tema.

Todos estos puntos se han de tener en cuenta a la hora de escoger un medio o recurso didáctico. La finalidad de éstos no es otra que la de fundamentar, apoyar y reforzar el acto formativo.

8. La planificación de la evaluación del proceso de enseñanza-aprendizaje

La aplicación de programas de formación lleva a la obtención de unos determinados resultados. Éstos serán los frutos de la formación y mostrarán el grado de eficacia y eficiencia con que se lleva a cabo la función formativa.

Los resultados indican el éxito de la formación mediante su contraste con los objetivos fijados anteriormente. Este procedimiento recibe el nombre de **evaluación,** proceso ampliamente conocido y con trascendencia reconocida para la formación. Según el proceso de evaluación aplicado, los resultados obtenidos serán reales y fiables, o bien, falseados.

Para que los resultados de la evaluación muestren con certeza el grado de éxito alcanzado con la formación, es necesario un requisito previo: el establecimiento de criterios de evaluación durante el proceso de planificación de la formación. Los criterios actúan como puntos de referencia, a partir de los cuales se valoran los resultados obtenidos.

Los criterios de evaluación han de fijarse con mucha atención, ya que determinan el proceso de evaluación, y éste juzga el grado de éxito de la función formativa.

El primer aspecto a tener en cuenta es la validez: los criterios de evaluación han de ser válidos en relación a los elementos del proceso formativo.

Los aspectos que determinan el grado de validez de los criterios de evaluación son:

- La relevancia.
- La no deficiencia.
- La no contaminación.
- Su fiabilidad.

El establecimiento de criterios válidos y fiables permitirá elaborar un proceso de evaluación de la formación que mida rigurosamente la eficacia y la eficiencia de la función formativa.

9. El seguimiento formativo

El seguimiento es un proceso continuo que sirve para evaluar la eficacia del uso de los recursos y para saber qué iniciativas se pueden emprender para mejorar el aprovechamiento de los recursos formativos.

El seguimiento, además de realizarse después de haber finalizado la planificación formativa, también se realiza antes de la acción.

9.1. Características

El seguimiento formativo permite evaluar los distintos componentes (desde los alumnos hasta todos los elementos que forman la programación) que intervienen en él durante todo el proceso de formación.

El seguimiento formativo se diferencia de la evaluación en que éste tiene que ver más con tareas organizativas, de coordinación, administrativas, etc.; sin embargo, la evaluación valora aspectos de los procesos de formación, como pueden ser la comunicación, el aprendizaje de los nuevos conocimientos, etc.

Con la realización adecuada de un seguimiento formativo:

- Se pueden **descubrir errores o desajustes** en el proceso de enseñanza-aprendizaje antes de que se realice la evaluación final para comprobarlos.
- Se pueden **corregir los errores** en el momento en el que se están produciendo.
- Además, **se detectan los aspectos positivos** que tienen lugar a lo largo de todo el proceso y las **posibles mejoras** que se pueden realizar.

El seguimiento formativo tiene que ser realizado por todas las personas que están implicadas en la realización de los cursos de formación (tutores, coordinadores, técnicos, etc.), por ello, el formador es una figura importante en el proceso de formación, ya que se encuentra implicado en él.

El proceso de formación debe estar planificado, pensado y planteado antes de que empiece la acción de formación, nunca debe llevarse a cabo de manera cerrada, sino que tiene que estar abierto a cualquier cambio que se considere necesario.

9.2. Finalidad

Son varias las finalidades que persigue el seguimiento formativo:

- Ayudar a comprender por qué ocurren algunas cosas y qué se puede hacer para intervenir en ese proceso que se está llevando a cabo.
- Identificar y solucionar los problemas que surgen a lo largo del proceso.
- Contribuir para elaborar planes de formación de manera objetiva, sin desviarse de la finalidad éste.
- Colaborar en la disminución y control del uso de los recursos materiales.
- Determinar el nivel que puede alcanzar el rendimiento y relacionarlo con el rendimiento actual.
- Diagnosticar y detectar problemas para llevar a cabo las acciones correctivas pertinentes.

9.3. Planificación

El seguimiento formativo debe planificarse antes y durante la acción formativa.

El objetivo de este seguimiento es comprobar la eficacia de la acción formativa antes de que ésta llegue a su fin, es decir, es necesario que durante este proceso todos los elementos que van a formar parte del aprendizaje estén planificados.

Los dos momentos que hay que tener en cuenta para planificar el seguimiento formativo son:

- **Antes de la acción formativa:** es necesario conocer las necesidades, el perfil del alumno, qué materiales, instrumentos, recursos, medios didácticos se van a usar.

■ **Durante la acción formativa:** aquí el seguimiento se utiliza para comprobar los posibles errores y mejoras que se pueden llevar a cabo. Ofrece la posibilidad de poder modificar aquellas acciones o medios que dificultan el avance del aprendizaje.

10. Instrumentos para el seguimiento

A lo largo de un ciclo formativo pueden suceder errores y surgir problemas, esto abarca desde la identificación de necesidades hasta la planificación, el diseño, la implantación y la evaluación. Por todo esto, es importante saber cuál es la causa del problema y saber tomar las medidas oportunas para que no se origine nuevamente.

Para detectar el origen del problema, siempre se necesita una información determinada, ésta sólo se puede obtener mediante técnicas que ayuden a obtenerlas, es decir, que permitan recabar y analizar los datos obtenidos.

Para el seguimiento del proceso de enseñanza-aprendizaje, se pueden confeccionar diferentes tipos de instrumentos de evaluación, como pueden ser los cuestionarios y utilizar la observación directa, etc., si el tipo de formación lo permite (presencial o semipresencial). Estos instrumentos variarán según el tipo de datos que se quiera conseguir.

Un ejemplo de plantilla para recoger y analizar la información podría ser esta:

CURSO:		1º Módulo	2º Módulo	3ºMódulo
	Suficiente			
Objetivos del módulo	Insuficiente			
	Adecuado			
	Inadecuado			

Continúa en página siguiente >>

<< Viene de página anterior

CURSO:		1º Módulo	2º Módulo	3ºMódulo
Contenidos del módulo	Suficiente			
	Insuficiente			
	Adecuado			
	Inadecuado			
Metodología	Suficiente			
	Insuficiente			
	Adecuado			
	Inadecuado			
Actividades y recursos	Suficiente			
	Insuficiente			
	Adecuado			
	Inadecuado			
Recursos materiales	Suficiente			
	Insuficiente			
	Adecuado			
	Inadecuado			
Recursos humanos	Suficiente			
	Insuficiente			
	Adecuado			
	Inadecuado			
Proceso de evaluación	Suficiente			
	Insuficiente			
	Adecuado			
	Inadecuado			
Nivel de satisfacción del alumnado	Suficiente			
	Insuficiente			
	Adecuado			
	Inadecuado			

Para el seguimiento del aprendizaje, como la información que se obtiene es de diferente índole, se recogerá mediante la aplicación de las técnicas seleccionadas y elaboradas para la evaluación de cada uno de los aspectos planteados (observación directa de los trabajos, participación, cuestionarios acerca de la motivación y satisfacción del alumnado, etc.).

Por ejemplo, los contenidos que se podrían incluir en la "parrilla" de análisis son los siguientes:

CURSO		1er Módulo	2º Módulo	3er Módulo
Conceptos (comprende los contenidos conceptuales)	Con facilidad			
	Con normalidad			
	Con dificultad			
Procedimientos (aplica y desarrolla los contenidos procedimentales)	Con facilidad			
	Con normalidad			
	Con dificultad			
Actitudes (manifiesta las actitudes adecuadas a los contenidos)	Con facilidad			
	Con normalidad			
	Con dificultad			
Motivación y participación	Con facilidad			
	Con normalidad			
	Con dificultad			
Satisfacción del alumno	Con facilidad			
	Con normalidad			
	Con dificultad			

Dos de las herramientas básicas son:

- **Los diagramas de flujo:** éstos sirven para desglosar en forma de componentes, para presentar una clara imagen de lo que ocurre.
- **Los checklists:** éstos son especialmente útiles para garantizar que se han realizado todas las acciones necesarias. Es otro método de ayuda orientado a los formadores y participantes para preparar, utilizar y solucionar los problemas del equipamiento.

Otros métodos de seguimiento y control que pueden ayudar en la formación son:

- Las reuniones formales e informales.
- Pasar un informe de las sesiones, cuestionarios de satisfacción o formularios de evaluación del curso.
- Entrevistas de evaluación.

 Recuerde

Algunos de los instrumentos de seguimiento más utilizados son:

I Cuestionario de satisfacción
I Cuestionario de motivación
I Observación directa
I Reuniones formales e informales
I Entrevistas de evaluación

11. Metodología de la evaluación del diseño de formación

Los métodos empleados en la evaluación siempre suelen son los mismos, independientemente de que se evalúen los objetivos, los contenidos, los recursos, etc. A pesar de esto, hay que tener en cuenta que no se deben utilizar todos los métodos que se van a nombrar, sino que todo dependerá de lo que se esté evaluando.

Los métodos más frecuentes son:

- Observación sistemática.
- Observación mediante observadores externos o internos del grupo.
- Análisis de trabajo.
- Entrevistas personales.
- Situaciones de simulaciones.

- Diálogos, debates.
- Cuestionarios específicos.
- Inventarios.
- Grabaciones en vídeo.
- Etc.

11.1. Evaluación de los objetivos

Cuando se diseña el programa formativo, se deben concretar los objetivos que serán objeto de evaluación al finalizar el curso, para comprobar si éstos se han alcanzado o no.

Los objetivos marcan aquellos aspectos claves que debe adquirir el alumno para alcanzar unas competencias determinadas. Éstos determinarán lo que el alumno será capaz de saber y saber hacer al acabar el curso, en unas condiciones dadas y con unos medios determinados.

Si, al finalizar el curso, se observa que los objetivos no se han cumplido en su totalidad, hay que analizar cuál ha sido la causa de este error y corregirlos. Si se han cumplido los objetivos, habrá que determinar los motivos de éxito, para volver a ponerlos en práctica en futuros cursos.

Los objetivos marcados al inicio de la formación sirven para:

- Dirigir la formación, es decir, saber hacia dónde se quiere llegar con ésta.
- Comprobar qué se ha logrado.
- Facilitar la evaluación, ya que se sabe cuáles son los objetivos que hay que evaluar.
- Reorientar la formación en el mismo momento que se está realizando.
- Elegir los métodos más adecuados para la formación.

La evaluación de los objetivos debe medirse atendiendo a:

- **Objetivos generales:** son utilizados para saber cuáles son las competencias generales.
- **Objetivos específicos:** parten de los objetivos generales.

- **Objetivos operativos:** son derivados de los específicos. Son objetivos más concretos y siempre deben estar relacionados con actividades u operaciones determinadas. Son los más fáciles de medir.

 **Ejemplo**

Objetivos específicos para evaluar un curso de primeros auxilios:

I Aprender los conceptos básicos y generales de los primeros auxilios.
I Adquirir las habilidades y aplicar los principios de actuación para poder reaccionar adecuadamente en situaciones de urgencia.
I Conocer los aspectos jurídicos relacionados.

11.2. Evaluación de los contenidos

La evaluación de los contenidos se realizará para comprobar si los objetivos que se habían marcado al principio de la formación se han logrado, así como para eliminar aquellos contenidos que no aportan nada al curso.

Se debe tener siempre en cuenta que se puede lograr un mismo objetivo de formación utilizando diversos contenidos.

Para evaluar los contenidos, hay que comprobar si se ha seguido una secuencia lógica a la hora de impartirlos. Esta secuencia permite que los contenidos sean adquiridos por los alumnos de una manera más significativa, es decir, facilita el aprendizaje de los mismos.

Para que la evaluación de los contenidos resulte positiva, éstos deben ir expuestos:

- De acuerdo con los objetivos propuestos y con los plazos previstos para conseguirlos.
- De lo conocido a lo desconocido.

- De lo inmediato a lo remoto.
- De lo concreto a lo abstracto.
- De lo fácil a lo difícil.

Otro aspecto a tener en cuenta para que la evaluación de los contenidos sea positiva, es que éstos se deben estructurar adecuadamente, por ejemplo, mediante módulos, unidades didácticas, etc. Éstas tienen que abarcar los conocimientos, las habilidades y las actitudes que capacitan al alumno para poner en práctica las funciones que desempeñará en su puesto de trabajo. Por lo general, se pueden constituir equivalencias entre objetivos generales y cursos, objetivos específicos y módulos, unidades didácticas, etc. así como entre objetivos operativos y sesión formativa,.

 Ejemplo

Siguiendo el ejemplo anterior de primeros auxilios, los contenidos que se evaluarán para comprobar si se han logrado o no los objetivos anteriormente propuestos, son:

- Primeros auxilios: conceptos generales.
- Soporte vital básico (reanimación cardio-pulmonar)-adultos.
- Soporte vital básico-niños.
- Soporte vital instrumental.
- Traumatismos osteoarticulares. Inmovilizaciones (vendajes y férulas improvisadas).
- Movilización de urgencia y posiciones de espera.
- Traumatismos craneales y vertebro-medulares.
- Otras situaciones de emergencia.

11.3. Evaluación de la metodología

La evaluación de la metodología consiste en comprobar que los métodos que se han utilizado son los adecuados para lograr los objetivos formativos, aunque éstos deben ser flexibles a la hora de utilizarlos, ya que deben adaptarse a la materia tratada, a los alumnos, a los recursos disponibles, etc.

Para conseguir que la evaluación de la metodología sea positiva, se deben tener en cuenta las características que se emplean para definir un método. Éstas pueden ser:

- Presentar y mostrar la problemática del tema para que, a través de la reflexión y el esfuerzo, el alumno pueda resolverla.
- Respetar tanto la libertad de expresión como de creación.
- Las actividades que están destinadas al alumno tienen que ser dirigidas por el formador para que el alumno reflexione y participe.
- Motivar al alumno, relacionando los temas con sus intereses, motivaciones y necesidades.
- Organizar los nuevos aprendizajes para que se integren con los ya adquiridos.
- Tener en cuenta las limitaciones y las posibilidades que tiene cada alumno.
- Dar lugar a la acción individualizada a través de tareas que requieran planteamientos y acciones individualizadas.

11.4. Evaluación de actividades y recursos

Las **actividades** son unos elementos que acompañan a los contenidos formativos, ya que éstas refuerzan los contenidos que son expuestos por el formador. Siempre debe existir coordinación entre ambos, para esto se deben seleccionar adecuadamente tanto los métodos como las técnicas.

Para evaluar las diversas actividades que se han desarrollado, hay que formular una serie de preguntas para saber si las actividades han sido eficaces o han fallado en su ejecución. Algunas de estas preguntas pueden ser:

- ¿Qué ha hecho el alumno?
- ¿Ha sabido aplicar los conocimientos necesarios para lograr resolver las actividades?
- ¿Valora y comprende la finalidad de la actividad?
- ¿Ha mostrado interés en la realización de la misma?
- ¿Qué ha aprendido?
- ¿Han sido válidas las actividades?

- ¿Cuáles han fallado? ¿Por qué?
- ¿Se han alcanzado los objetivos?
- Etc.

Junto con las actividades, los recursos también tienen que ser evaluados, ya que de ellos va a depender en cierta manera la eficacia de las actividades. Por eso, en la evaluación de los recursos hay que tener en cuenta la eficacia de aquellos que se han utilizado y cuáles son los que se hubieran necesitado para desarrollar el curso.

Se pueden distinguir varios criterios para evaluar la eficacia de los recursos:

- Su calidad, porque actúa como mediador entre la realidad y la estructura cognitiva del alumno.
- El contexto metodológico, ya que todo va a depender de la metodología usada por el formador.
- Los propios alumnos, sus motivaciones, intereses, etc.
- La experiencia del formador en el manejo de los diversos recursos, sus habilidades, etc.

También es necesario tener en cuenta qué evaluar de los recursos:

- La rentabilidad de éstos.
- El aprovechamiento para distintas finalidades.
- El mantenimiento.
- La actualización, deben adaptarse a las nuevas tecnologías.
- La adecuación al proceso de enseñanza-aprendizaje.
- Posibilitar la acción, estimular y responder a las curiosidades presentes en el alumnado.

11.5. Evaluación del formador

La figura del formador es muy importante a lo largo de todo el proceso formativo, ya que, en cierta manera, el éxito o el fracaso de la formación recae sobre él, por lo tanto, es imprescindible conocer previamente a la persona que va a impartir un curso.

El formador es el mediador entre los contenidos y los alumnos, por lo que debe evaluarse de forma continua y a lo largo de todo el proceso de enseñanza-aprendizaje, así como al final del proceso, momento en que se comprobará si los métodos y estrategias que ha diseñado y utilizado han sido los adecuados, introduciendo posibles modificaciones para las prácticas futuras.

La evaluación del formador se puede realizar desde varias vertientes, en cada una de ellas se evalúan aspectos diferentes, pero todas persiguen el mismo fin, que es fomentar la calidad de la formación.

Evaluación realizada por los alumnos

Los alumnos pueden evaluar aspectos como la relación del formador con los alumnos, la organización de las sesiones, el control de clase, la efectividad de la enseñanza, etc.

En la siguiente tabla se muestra un cuestionario a modo de ejemplo:

Marque la opción que más se adecúe a las características que prevalecieron a lo largo del curso

1. Las oportunidades que tuve para realizar preguntas en clase fueron:
   a. Frecuentes
   b. Regulares
   c. Escasas
   d. Muy escasas

2. El interés que mostró el formador respecto a los alumnos fue:
   a. Satisfactorio
   b. Regular
   c. Poco
   d. Muy pobre

3. El clima existente en el aula fue:
   a. Bueno
   b. Regular
   c. Tenso
   d. Malo

Continúa en página siguiente >>

<< Viene de página anterior

Marque la opción que más se adecúe a las características que prevalecieron a lo largo del curso

4. En la prueba final se evaluaban los contenidos dados a lo largo del curso:
   a. Sí
   b. No

5. El material presentado en el curso fue:
   a. Original
   b. Poco original
   c. Nada original

6. Las actividades que realicé para asimilar los contenidos fueron:
   a. Útiles
   b. Regulares
   c. Pobres
   d. Inútiles

7. El contenido marcado para el curso se expuso en su totalidad:
   a. Sí
   b. No

8. El grupo de alumnos afectó a mi aprendizaje:
   a. De manera positiva
   b. De manera negativa
   c. No me afectó

9. El material audiovisual me pareció:
   a. Atractivo
   b. Regular
   c. Inadecuado

10. Los procesos, problemas y soluciones experimentados en el trabajo en grupo fueron:
    a. Bien planteados
    b. Regular planteados
    c. Mal planteados

11. Las exposiciones por parte del docente me parecieron:
    a. Buenas
    b. Regulares
    c. Malas

Continúa en página siguiente >>

<< Viene de página anterior

**Marque la opción que más se adecúe a las características
que prevalecieron a lo largo del curso**

---

12. La actuación del profesor durante el curso evidenció:
    a. Un elevado conocimiento de la materia
    b. Un mediano conocimiento
    c. Un escaso conocimiento

---

13. El profesor supo controlar las conductas perturbadoras sucedidas a lo largo
    del curso de forma:
    a. Eficaz
    b. Regular
    c. Ineficaz

---

14. El ritmo que siguió el profesor al exponer los contenidos me pareció:
    a. Muy bueno
    b. Satisfactorio
    c. Monótono

---

15. La secuencia de presentación de los contenidos del curso fue:
    a. Lógica
    b. Regular
    c. Arbitraria

---

16. La actuación del profesor despertó interés y motivación:
    a. Muchas veces
    b. Algunas veces
    c. Pocas veces
    d. Ninguna vez

Evaluación realizada por el propio formador

En esta evaluación, el formador va a evaluar la preparación del curso, el desarrollo del mismo, y también realizará una evaluación propia de su actuación como formador.

En la siguiente tabla se muestra un cuestionario a modo de ejemplo:

Marque la opción que más se adecúe a las características que prevalecieron a lo largo del curso

A. PREPARACIÓN DEL CURSO

1. ¿Cómo ha sido el tiempo con el que ha contado?
   - a. Suficiente
   - b. Insuficiente

   ¿Por qué? _____

2. ¿Cómo considera la distribución de las sesiones del curso?
   - a. Adecuadas
   - b. Inadecuadas

   ¿Por qué? _____

3. ¿Ha dispuesto de las guías didácticas del curso?
   - a. Sí
   - b. No

   ¿Por qué? _____

4. ¿Ha dispuesto de los recursos necesarios para la preparación de sus sesiones?
   - a. Sí
   - b. No

   ¿Cuáles le han hecho falta? _____

5. Teniendo en cuenta su nivel de formación, ¿ha necesitado apoyo por parte de la dirección del curso?
   - a. Sí
   - b. No

   ¿Cómo ha sido el apoyo? _____

B. DESARROLLO DEL CURSO

6. ¿El desarrollo de las sesiones (distribución y tiempo) se ha correspondido con la planificación prevista?
   - a. Sí
   - b. No

7. ¿La metodología utilizada para el desarrollo de las sesiones ha propiciado la participación e implicación del alumnado?
   - a. Sí
   - b. No

   ¿Por qué? _____

Continúa en página siguiente >>

<< Viene de página anterior

Marque la opción que más se adecúe a las características que prevalecieron a lo largo de curso

8. ¿Considera que el clima del curso ha sido el adecuado?
   a. Sí
   b. No

¿Por qué? _____

9. ¿El contexto donde se ha desarrollado el curso ha sido adecuado y oportuno?
   a. Sí
   b. No

¿Por qué? _____

10. ¿Ha conseguido los objetivos propuestos?
    a. Sí
    b. No

¿Por qué? _____

C. AUTOEVALUACIÓN

11. Evalúe de 1 a 4 los siguientes apartados relacionados con su intervención como formador, donde:
    1. Considero imprescindible mejorar mi formación en este aspecto.
    2. Considero necesario mejorar mi formación en este aspecto.
    3. Cuento con recursos necesarios para el desarrollo ajustado del curso, pero podría encontrar dificultades si éste cambia el rumbo prefijado.
    4. Mi formación al respecto es adecuada y dispongo de recursos suficientes para el desarrollo óptimo del curso.

	1	2	3	4
Dominio de los contenidos				
Metodología/didáctica empleada				
Comunicación con el alumnado				
Trabajo en equipo				

D. AMPLIACIÓN

Puede anotar a continuación cualquier aportación que desee realizar y no haya sido considerada en este cuestionario.

_____

_____

11.6. Tipos de evaluación

Existen diferentes tipos de evaluación, cada una se aplicará atendiendo a diferentes criterios.

Según su finalidad o función de la evaluación

Diagnóstica

Esta evaluación, como su nombre indica, tiene un carácter diagnóstico, ya que permite que se conozcan las potencialidades del alumno. De esta manera, la actividad didáctica se dirige de forma más efectiva.

Formativa

Se utiliza como estrategia para mejorar y ajustar los procesos formativos en el momento que se están llevando a cabo, para alcanzar las metas y los objetivos marcados. La evaluación formativa es aplicable a la evaluación de procesos.

Sumativa

Se aplica a la evaluación de productos terminados, es decir, se sitúa concretamente cuando finaliza un proceso, cuando éste se considera acabado. Su propósito es determinar el grado en que se han conseguido los objetivos establecidos, para evaluar de forma positiva o negativa el resultado. Esta evaluación permite tomar medidas tanto a medio como a largo plazo.

Según el momento de aplicación de la evaluación

Inicial

Se produce al principio del proceso de enseñanza-aprendizaje. La función que tiene la evaluación inicial es identificar el nivel de conocimientos que tienen los alumnos que inician un curso y, de esta manera, comprobar si los alumnos cuentan con los conocimientos necesarios para comenzarlo, y determinar si es posible impartirlo de acuerdo al programa formativo o si se requiere alguna modificación.

Procesual

La evaluación procesual se basa en valorar, de forma continua, el aprendizaje de los alumnos y la enseñanza del profesor, a través de la recogida sistemática de datos, toma de decisiones, etc.

La evaluación procesual es totalmente formativa, ya que, al favorecer la recogida continua de datos, permite tomar decisiones en el mismo momento que se considere necesario.

Los resultados que se obtienen forman la base permanente para el formador a la hora de programar las actividades diarias, así como para establecer las actividades y los procedimientos más apropiados. De esta manera, se evitan las dificultades que se puedan producir en los aprendizajes que se están llevando a cabo. La finalidad de todo esto es evitar errores y vacíos en los aprendizajes posteriores.

Final

La evaluación final es aquella que se realiza al finalizar la formación, por lo tanto ésta recoge y valora los resultados obtenidos a lo largo de un periodo formativo.

Según su extensión

Global

Tiene en cuenta todos los elementos y procesos que guardan relación con todo lo que es objeto de evaluación. Por ejemplo, si se trata de evaluar el proceso de aprendizaje de los alumnos, esta evaluación se centra en todas las áreas en general, pero sobre todo en los diversos tipos de contenidos de enseñanza (conceptos, procedimientos, valores, normas, etc.).

Parcial

Esta evaluación no se realiza de manera global, sino que se lleva a cabo por partes, es decir, evalúa los componentes que más interesan.

Según los agentes que realizan la evaluación

Autoevaluación o evaluación interna

Es el proceso sistemático mediante el cual una persona o grupo examina y valora sus procedimientos, comportamientos y resultados, para identificar qué quiere corregir o modificar en él. La evaluación interna muestra que los alumnos están más motivados a la hora de realizar una tarea difícil. La puesta en práctica de la autoevaluación no conlleva que el profesorado abandone sus funciones, sino que implica una concepción diferente de la enseñanza.

La autoevaluación ofrece al estudiante ayuda para descubrir sus necesidades, cantidad y calidad de su aprendizaje, causas de sus problemas, dificultades y éxitos en el estudio. De esta manera, el alumno puede conocerse de manera más concreta.

Heteroevaluación o evaluación externa

La evaluación externa es realizada o llevada a cabo por otra persona que no es el protagonista del aprendizaje. En esta evaluación, lo más frecuente es que el profesor evalúe al alumno.

TIPOS DE EVALUACIÓN	
Según su finalidad o función	- Diagnóstica - Formativa - Sumativa

Continúa en página siguiente >>

<< Viene de página anterior

TIPOS DE EVALUACIÓN

Según su momento de aplicación	- Inicial - Procesual - Final
Según su extensión	- Global - Parcial
Según los agentes que la realizan	- Autoevaluación o evaluación interna - Heteroevaluación o evaluación externa

Solucionarios de ejercicios de repaso y autoevaluación

Contenido

Planificación del producto editorial

Solucionario Capítulo 1

1. **Complete el siguiente texto.**

Se entiende **empresa** como el sistema de partes **interrelacionadas** y unidas hacia la consecución de un **fin** común que se relaciona con el **entorno** para satisfacer las **necesidades** de los individuos que conforman el **mercado** al transformar estas en **deseos** por el **producto** que ofrece la empresa.

2. **Indique cuál de las siguientes afirmaciones es verdadera o falsa.**

a. Las unidades económicas de consumo ofrecen al mercado una serie de productos, por lo que reciben unos ingresos procedentes de estas.

☐ Verdadero
☑ **Falso**

b. La planificación es el procedimiento de definición de cómo se van a ordenar las acciones y actividades para llevar a cabo la consecución de los objetivos.

☑ **Verdadero**
☐ Falso

c. El control estratégico es en el que se tienen en cuenta los resultados de los procesos realizados dentro del corto plazo y en comparación con la planificación operativa.

☐ Verdadero
☑ **Falso**

d. El sistema de control debe ser económico, oportuno, flexible y continuo para su correcta aplicación.

☑ **Verdadero**
☐ Falso

3. ¿Qué es una sociedad comanditaria? ¿Qué tipos existen?

Sociedad comanditaria: en este tipo de sociedad existen dos modalidades de asociación. Por un lado, socios colectivos que responden ilimitada y solidariamente de las deudas de la sociedad y, por otro, socios comanditarios que solo responden del capital que han aportado a la sociedad. Dentro de esta hay dos modalidades: sociedad comanditaria simple (SCS), que, por regla general, no ha de auditar ni presentar las cuentas ante el Registro Mercantil, y sociedad comanditaria por acciones (SCA), que sí se encuentra obligadas a esta presentación de las cuentas anuales en el Registro Mercantil.

4. Un producto editorial que solo se puede adquirir en un establecimiento concreto es:

a. **Un producto de venta exclusiva.**
b. Un producto de venta extensiva.
c. Un producto de venta intensiva.
d. Un producto de venta selectiva.

5. Realice un mapa conceptual sobre la tipología de los sistemas de control que se pueden realizar en la empresa.

Según la temporalidad con la que se realiza	Control operativo
	Control estratégico
Según la forma de llevar a cabo la tarea	Control humano
	Control informatizado
Según el tipo de factores que se analiza	Control de factor internos
	Control de factores externos
	Control del factor humano

6. El rendimiento derivado de una obra editorial sin ser autor o propietario de los derechos de autor se declarará en el IRPF como...

a. ... rendimiento del trabajo.
b. **... rendimiento de capital mobiliario.**
c. ... ganancia patrimonial directa.
d. ... rendimiento de actividades económicas.

7. ¿Cuál es el contenido mínimo del contrato de edición?

El contenido mínimo es:

- Si la cesión del autor al editor tiene o no carácter de exclusiva.
- El ámbito territorial de la cesión.
- El número máximo y mínimo de ejemplares que alcanzan la edición o cada una de las que se acuerden.
- La forma de distribución de los ejemplares y los que se reserven al autor, a la crítica y a la promoción de la obra.
- La remuneración del autor.
- El plazo para la puesta en circulación de los ejemplares de la obra. Dicho plazo no puede exceder de los dos años contados desde que el autor entregue al editor la misma en condiciones adecuadas para poder realizar la reproducción de la misma.
- El plazo de entrega del original de la obra por parte del autor a la editorial.

8. Indique cuál de las siguientes opciones no es una de las funciones útiles de la contabilidad de costes en la gestión empresarial.

a. Identifica aquellas actividades donde la rentabilidad empresarial no es la deseada.
b. Distribuye costes comunes a varios productos según parámetros de consumo.
c. **Realiza controles a todos los productos en cualquier momento del proceso productivo.**
d. Sirve como base para el cálculo del precio de mercado.

9. ¿Qué método imputa el total de costes al producto editorial?

a. *Full cost.*
b. *Direct cost.*
c. Sistema de costes por secciones homogéneas.
d. Sistema de costes ABC.

10. **Indique qué producto es el correcto si se atiende a la clasificación de los productos según el proceso de fabricación en el que están inmersos.**

    a. Carteles.
    b. Folleto.
    c. Embalajes.
    d. Maquetas.

11. **Indique la clasificación de los productos editoriales según la frecuencia de su publicación.**

    ▎ **Publicación puntual:** se publica una sola vez. Por ejemplo, una biografía de Adolfo Suárez de un determinado escritor.
    ▎ **Publicación periódica:** donde se realiza una constante emisión de nuevas publicaciones del producto editorial. Por ejemplo, una revista. Dentro de esta clasificación se encuentran otros subtipos según su periodicidad, es decir, diaria, semanal, mensual, trimestral, anual, de actualización, etc.

12. **En relación al EPO, indique la afirmación correcta.**

    a. Si Epo > 1, quiere decir que variaciones en el precio suponen variaciones en la cantidad ofertada en menor proporción.
    b. Si el resultado de Epo < 1, quiere decir que variaciones en el precio producen variaciones en la cantidad ofertada en la misma proporción.
    c. Si Epo = 1, se traduce en que variaciones en el precio suponen variaciones en la cantidad ofertada en mayor proporción.
    d. Si Epo = infinito, variaciones minúsculas en el precio del producto se traducen en variaciones infinitamente grandes en la cantidad demanda.

13. Explique los siguientes valores relacionados con la elasticidad-precio de la demanda de un determinado producto editorial.

Demanda perfectamente elástica	Epd = infinito	Pequeñas variaciones en el precio se traducen en variaciones infinitamente superiores en la cantidad demanda
Demanda elástica	Epd > 1	Variaciones en el precio se traducen en variaciones en la cantidad demandada en proporción superior
Demanda inelástica	Epd < 1	Una modificación en el precio provoca una variación en la cantidad demanda en menor proporción que el cambio de precio que la ha originado.
Demanda perfectamente inelástica	Epd < 0	La cantidad demandaba es invariable ante modificaciones en el precio de venta del producto
Demanda con elasticidad unitaria	Epd = 1	Variaciones porcentuales en el precio se traducen en variaciones en la cantidad demandada en el mismo porcentaje.

14. Relacione un concepto de cada columna para obtener cuatro relaciones lógicas y coherentes de acuerdo a los contenidos del capítulo.

1. Oferta	a. Fiscal
2. Laboral	b. Matricial
3. Láser	c. Interrogante
4. Estrella	d. Demanda

1d	Son los parámetros que definen precio y cantidad de equilibro del mercado
2a	Son dos sistemas que suponen un marco legal de actuación para las empresas editoriales
3b	Son dos modos de impresión digital que se desarrollan en la evolución del sector editorial
4c	Son dos tipos de productos que existen en el mercado en función de su crecimiento y de su participación en el mercado

15. Rellene la siguiente sopa de letras.

- **EVALUAR:** Acción de comparar resultados entre lo planificado y lo real.
- **DIGITAL:** Soporte de un producto editorial que requiere de electricidad.
- **SUBCONTRATAR:** Cuando la empresa no realiza el transporte de sus productos. Acción de pedir colaboración a otras entidades especializadas.
- **OFERTA:** Número de productos existentes en el mercado producidos por empresas.
- **DEMANDA:** Número de personas que desean un determinado producto.
- **OBJETIVO:** Donde la empresa quiere llegar. Meta.
- **FISCAL:** Sistema que regula el pago de tributos.
- **CULTURA:** Conjunto de normas y valores que rigen el comportamiento de la empresa.
- **COSTES:** Tipo de contabilidad encargada del cálculo de coste por producto.
- **CONSUMO:** Unidades económicas que adquieren los productos de las empresas.

E	B	D	E	M	A	N	D	A	O	L	D
V	C	O	N	S	U	M	O	C	B	T	I
A	A	S	O	L	A	O	H	U	J	B	G
L	N	E	S	A	S	A	T	L	E	E	I
U	U	T	R	C	I	O	I	T	T	O	T
A	B	S	D	S	F	F	R	U	I	A	A
R	E	O	N	I	F	E	O	R	V	A	L
A	V	C	T	F	H	R	N	A	O	E	T
S	U	B	C	O	N	T	R	A	T	A	I
W	R	M	A	I	L	A	N	G	I	S	V
C	O	N	T	A	B	I	L	I	D	A	O

Solucionario Capítulo 2

1. **Defina la gestión del color y explique su importancia en el diseño gráfico y editorial.**

   La gestión del color es el proceso de controlar la reproducción del color en diferentes dispositivos y medios, con la idea de asegurar la consistencia y precisión del color en los productos finales. Es necesario en diseño gráfico y editorial para garantizar que los colores se representen de manera fiel y coherente en diversos formatos, a la par que se mantiene la calidad visual deseada.

2. **Mencione una herramienta de *software* utilizada para la gestión del color y describa brevemente su función.**

   ▋ *Adobe Photoshop:* utilizado para la edición de imágenes y ajustes de color precisos.
   ▋ *Adobe Illustrator: software* para la creación y edición de gráficos vectoriales con opciones avanzadas de gestión del color.
   ▋ Calibradores de monitor como *X-Rite i1Display:* herramientas que ayudan a calibrar monitores para asegurar la precisión del color en pantalla.
   ▋ *CorelDRAW:* ofrece potentes capacidades de diseño vectorial y ajustes de color.
   ▋ *Affinity Designer:* conocido por su rendimiento y capacidad para trabajar en modos vectorial y rasterizado. Permite ajustes de color.

3. **¿Qué modelos de color son comúnmente utilizados en diseño gráfico para impresión y medios digitales?**

   a. HSB y LAB
   b. RGB y CMYK
   c. Grayscale y Duotone
   d. LAB y CMYK

4. **Explique cómo se utiliza un perfil ICC en el diseño gráfico.**

   Un perfil ICC *(International Color Consortium)* es un archivo que describe cómo un dispositivo específico reproduce el color. Se utiliza en diseño gráfico para asegurar que los colores se reproduzcan consistentemente en diferentes dispositivos, como monitores, impresoras y cámaras. Garantiza que el resultado final sea fiel a la intención original.

5. **Describa las diferencias clave entre los modelos de color RGB y CMYK.**

RGB es un modelo de color aditivo basado en los colores primarios de luz (rojo, verde, azul) y se utiliza principalmente en pantallas digitales. CMYK es un modelo de color sustractivo basado en los colores cian, magenta, amarillo y negro, utilizado principalmente en impresión. RGB mezcla colores para crear luz blanca, mientras que CMYK mezcla colores para crear tonos más oscuros.

6. **¿Cuál es la principal ventaja de utilizar vectores en diseño gráfico frente a gráficos rasterizados?**

   a. Mayor resolución
   b. **Capacidad de escalado sin pérdida de calidad**
   c. Menor uso de memoria
   d. Colores más brillantes

7. **Explique el concepto *calibración de monitores* y su importancia en el flujo de trabajo de diseño gráfico.**

La calibración de monitores es el proceso de ajustar un monitor para que reproduzca los colores de manera precisa y consistente. Es esencial en diseño gráfico para confirmar que los colores que se ven en la pantalla coincidan con los colores impresos o los que se ven en otros dispositivos, con lo cual se reduce el riesgo de errores en la presentación final del producto.

8. **Mencione dos programas de diseño gráfico y describa una característica distintiva de cada uno.**

   I *Adobe Illustrator:* es conocido por su capacidad para crear gráficos vectoriales complejos con precisión.
   I *CorelDRAW:* reconocido por su versatilidad y facilidad de uso en la creación de diseños vectoriales y maquetación.
   I *Affinity Designer:* alternativa asequible y potente a *Adobe Illustrator.* Destaca por su rendimiento rápido y fluido.
   I *Sketch:* predominantemente utilizado para diseño de interfaces de usuario (UI) y experiencia de usuario (UX).
   I *GIMP:* proporciona una amplia gama de herramientas para la edición de imágenes. Es popular entre diseñadores que buscan alternativas gratuitas.

▌ *Inkscape:* ideal para la creación de gráficos vectoriales, se destaca como una opción gratuita comparable a *Adobe Illustrator.*

▌ *Canva:* es ideal para crear diseños rápidos y atractivos para redes sociales y presentaciones. Ofrece una interfaz intuitiva y numerosas plantillas.

9. **¿Cuál de los siguientes programas es una alternativa gratuita a *Adobe Illustrator?***

   a. *Sketch*
   b. *GIMP*
   c. ***Inkscape***
   d. *Affinity Designer*

10. **Explique cómo la inteligencia artificial está transformando el diseño gráfico.**

   La IA en diseño gráfico está optimizando procesos como la generación automática de contenido, la edición y retoque de imágenes, y la personalización de diseños. Permite a los diseñadores centrarse en aspectos más creativos, mientras que la IA se encarga de tareas repetitivas o complejas, con lo que mejora la eficiencia y la calidad del trabajo.

11. **Describa las ventajas y desventajas de utilizar *software* de código abierto como *GIMP* en lugar de *software* de pago como *Adobe Photoshop.***

   Ventajas: *GIMP* es gratuito y accesible, lo que lo hace ideal para diseñadores con presupuestos limitados. Ofrece una amplia gama de herramientas de edición de imágenes.

   Desventajas: *GIMP* puede tener una curva de aprendizaje más pronunciada y carece de algunas de las funciones avanzadas y de la integración fluida que ofrece *Adobe Photoshop.*

12. **¿Qué formato de archivo es más adecuado para gráficos vectoriales que requieren escalabilidad sin pérdida de calidad?**

   a. JPEG
   b. PNG
   c. **EPS**
   d. TIFF

13. **Explique la diferencia entre los formatos de archivo TIFF y JPEG en cuanto a calidad y uso.**

TIFF es un formato de imagen de alta calidad que admite compresión sin pérdida. Resulta ideal para la impresión y el almacenamiento de imágenes detalladas. JPEG es un formato comprimido con pérdida, más adecuado para la web y el almacenamiento de imágenes donde se prefiere un menor tamaño de archivo, aunque con alguna pérdida de calidad.

14. **Describa el proceso de imposición y su importancia en la impresión de materiales gráficos.**

La imposición es el proceso de organizar las páginas de un documento para que, una vez impresas y ensambladas, queden en el orden correcto. Es fundamental en la impresión de libros, revistas y folletos, ya que optimiza el uso del papel, reduce errores, y asegura que el producto final se alinee correctamente y tenga la presentación deseada.

15. **Explique cómo se utiliza el concepto *jerarquía visual* en la maquetación de una página y por qué es importante.**

La jerarquía visual es el principio de organizar y presentar los elementos de una página de manera que guíen la atención del lector en un orden lógico y prioritario. Se logra a través del uso de tamaños de fuente, colores, alineaciones y la disposición de los elementos en la página. Es importante porque asegura que la información más relevante capte la atención del lector de inmediato, con lo que mejora la comunicación y la comprensión del contenido.

Solucionario Capítulo 3

1. **Relacione las partes de una letra con su descripción:**

   a. Espacio vacío dentro y alrededor de una letra
   b. Trazo principal de una letra
   c. Trazo horizontal que cruza una letra

   c. Travesaño
   a. Asta
   b. Contraforma

2. **Relacione las familias tipográficas con sus características:**

   a. Trazos uniformes, apariencia moderna
   b. Letras con adornos o serifas
   c. Todos los caracteres tienen el mismo ancho

   c. Monoespaciadas
   b. Sans serif
   a. Serif

3. **Relacione las épocas históricas con su evolución tipográfica:**

   a. Sans serif
   b. Imprenta de Gutenberg
   c. Herramientas para crear tipografías personalizadas

   a. Edad Antigua
   b. Renacimiento
   c. Era digital

4. **Determine si las siguientes oraciones son verdaderas o falsas:**

   a. Las serifas son pequeños adornos que se encuentran al final de las astas.

   ☑ **Verdadero**
   ☐ Falso

b. Las tipografías sans serif son aquellas que tienen serifas.

☐ Verdadero
☑ **Falso**

5. **Determine si las siguientes oraciones son verdaderas o falsas:**

a. Las letras con serifas son más adecuadas para textos largos en impresos.

☑ **Verdadero**
☐ Falso

b. Las tipografías decorativas son ideales para el cuerpo de un texto académico.

☐ Verdadero
☑ **Falso**

6. **¿Qué elemento visual se utiliza para guiar al lector a través del contenido?**

Se trata de la jerarquía.

7. **¿Qué concepto es esencial para distribuir uniformemente el texto y las imágenes?**

Ese concepto es el balance.

8. **Complete la siguiente oración.**

Las tipografías **serif** son aquellas que tienen pequeños adornos al final de sus astas.

9. **¿Qué es la contraforma?**

El contraforma es el espacio vacío dentro y alrededor de una letra, como el que se encuentra dentro de la o.

10. Complete la siguiente oración.

Las tipografías **sans serif** como Helvetica son ideales para interfaces digitales debido a su claridad.

11. ¿Qué es el gajo?

El gajo es el trazo curvo que conecta con el asta, como en la letra G.

12. ¿Cuál es la tipografía más adecuada para un cuerpo de texto largo en un libro impreso?

     a. Helvetica
     b. Times New Roman
     c. Futura
     d. Arial

13. ¿Cuál de las siguientes tipografías es sans serif?

     a. Garamond
     b. Bodoni
     c. Arial
     d. Helvetica

14. ¿Qué parte de la letra desciende por debajo de la línea base?

     a. Asta ascendente
     b. Asta descendente
     c. Travesaño
     d. Ojal

15. ¿Qué aspecto es clave para garantizar una experiencia de lectura fluida y coherente?

Ese aspecto es la consistencia.

Solucionario Capítulo 4

1. Determine si las siguientes oraciones son verdaderas o falsas:

   a. El modelo CMYK se utiliza principalmente en medios digitales.

   ☐ Verdadero
   ☑ **Falso**

   b. El modelo RGB es aditivo y la combinación de todos los colores genera blanco.

   ☑ **Verdadero**
   ☐ Falso

2. **Complete la siguiente oración.**

   El modelo de color utilizado en la impresión es **CMYK**.

3. **Relacione los modelos de color con su uso principal:**

   a. Usado en pantallas y dispositivos digitales
   b. Usado para impresión en papel
   c. Basado en la percepción humana del color

   b. CMYK
   a. RGB
   c. Lab

4. **Relacione las herramientas con su función en la gestión del color:**

   a. Ajusta los colores mostrados en la pantalla.
   b. Aseguran la coherencia del color en diferentes dispositivos.
   c. Mide la cantidad de luz reflejada para crear perfiles de color.

   c. Espectrofotómetro
   b. Perfiles ICC
   a. Calibrador de monitor

5. **Determine si las siguientes oraciones son verdaderas o falsas:**

   a. Los colores neutros, como el gris y el blanco, se asocian con equilibrio y simplicidad.

      ☑ **Verdadero**
      ☐ Falso

   b. La gama de colores en RGB es más limitada que en CMYK.

      ☐ Verdadero
      ☑ **Falso**

6. **¿Cuál es el modelo de color utilizado para trabajar con medios digitales?**

   a. CMYK
   b. **RGB**
   c. Lab
   d. XYZ

7. **Complete la siguiente oración.**

   La luminancia recomendada para calibrar un monitor oscila entre 100 y **200** candelas por metro cuadrado.

8. **¿Cuál es la principal función de los perfiles ICC en la gestión del color?**

   Consistencia

9. **Elija la herramienta utilizada para medir la luz reflejada por un objeto:**

   a. Calibrador de monitor
   b. **Espectrofotómetro**
   c. Perfil ICC
   d. Colorímetro

10. Relacione los colores con sus asociaciones emocionales:

> a. Energía y pasión
> b. Calma y serenidad
> c. Sofisticación y elegancia

> **a.** Rojo
> **c.** Negro
> **b.** Azul

11. ¿Qué modelo de color se utiliza principalmente en impresión?

El modelo que se usa principalmente es CMYK.

12. Elija el esquema de armonía de colores basado en colores opuestos en la rueda de colores:

> **a. Complementarios**
> b. Análogos
> c. Tríada
> d. Monocromáticos

13. Elija la opción correcta sobre la diferencia entre RGB y CMYK.

> **a. RGB se utiliza en pantallas, mientras que CMYK se emplea en impresión.**
> b. CMYK tiene una gama de colores más amplia que RGB.
> c. RGB se basa en tintas, mientras que CMYK usa luz.
> d. CMYK es aditivo y RGB es sustractivo.

14. Determine si las siguientes oraciones son verdaderas o falsas:

> a. Un espectrofotómetro mide la luz emitida por un monitor.

>> ☐ Verdadero
>> ☑ **Falso**

b. Calibrar un monitor ayuda a asegurar una representación precisa del color.

☑ **Verdadero**
☐ Falso

15. **¿Cuál es la diferencia clave entre los modelos de color RGB y CMYK en cuanto a su uso?**

a. **RGB se utiliza en pantallas digitales, mientras que CMYK se usa para impresión.**
b. CMYK se utiliza en medios digitales, mientras que RGB se emplea en impresión.
c. RGB tiene una gama de colores más limitada que CMYK.
d. CMYK y RGB son modelos perceptuales basados en la visión humana.

Solucionario Capítulo 5

1. Complete el siguiente texto.

Los **archivos** se pueden comprimir de **dos formas** principalmente en función de cómo afecta a sus propiedades: compresión **sin pérdida** de propiedades, que mantiene la información original, y compresión **con pérdida**, que a la hora de realizar la compresión se ocasiona también una pérdida de información considerable. Así, la extensión de archivos **JPEG** es una de las más extendidas en **Internet** puesto que **reduce** considerablemente el tamaño de las imágenes con **pérdida**.

2. Indique cuál de las siguientes afirmaciones es verdadera o falsa.

a. Las imágenes de mapa de bits se estructuran en base a un mapa de pixeles coloreados para dar apariencia de círculo con la función de hacerlo visualmente más homogéneo.

☑ **Verdadero**
☐ Falso

b. En cuanto a las características de la imagen: a mayor calidad, mayor tamaño exige la imagen para su almacenamiento.

☑ **Verdadero**
☐ Falso

c. Se dice que el detalle de impresión de una imagen es consecuencia directa de la conjugación de resolución y lineatura.

☑ **Verdadero**
☐ Falso

d. La resolución de entrada es el tipo de resolución por la que la imagen es introducida en el dispositivo de tratamiento gráfico.

☑ **Verdadero**
☐ Falso

3. El instrumento informático que contiene un abanico de colores que cuenta con una aplicación para el tratamiento digital se denomina...

    a. ... **paleta de colores.**
    b. ... gama de colores.
    c. ... resolución de gama.
    d. ... profundidad de color.

4. Cuando se mezcla una gama de grises con dos colores en una imagen, el color de esa imagen es:

    a. Escala de grises.
    b. Bicolor.
    c. **Duotono.**
    d. Monocromo.

5. ¿Cuál de los siguientes no es un método útil para la comparación económica de inversiones en una empresa gráfica?

    a. VAN.
    b. Plazo de recuperación.
    c. TIR.
    d. **Garantía.**

6. No es un factor que afecte directamente a la rentabilidad económico-financiera de la maquinaria en la empresa gráfica.

    a. Plazo de vida útil estimado.
    b. **Solvencia financiera del proveedor.**
    c. Mantenimiento asociado a su correcto funcionamiento.
    d. Condiciones de recolocación o reventa en el mercado.

7. Una diferencia entre *leasing* y *renting* es:

    a. El *Leasing* se aplica solo sobre inmovilizado inmaterial.
    b. El *Renting* no puede llevar nunca opción de compra.
    c. El *Leasing* es a corto plazo y el Renting a largo plazo.
    d. **El *Renting* incluye el mantenimiento de la máquina por parte del proveedor.**

8. **¿Qué se entiende por depreciación sistemática?**

La depreciación sistemática es la depreciación conocida por la empresa, es decir, una vez se adquiere el bien, según sus características, se le asocia una serie pérdidas de valor graduales en el tiempo fruto de los condicionantes económicos para ese bien.

9. **Defina *renting*.**

El *renting* es un contrato de arrendamiento también con una duración superior al año que se realiza sobre bienes muebles. Es similar al leasing porque supone el pago de unas cuotas a cambio del uso del bien, aunque su uso es más extendido ya que se aplica también a particulares, no solo a empresas.

10. **Indique los rasgos principales del *leasing* o arrendamiento financiero.**

El arrendamiento financiero es el contrato de arrendamiento donde el arrendador cede el uso de un bien de su propiedad al arrendatario a cambio del pago periódico de cuotas en un plazo determinado. Este tipo de contratos dan la posibilidad al arrendatario de obtener la propiedad del bien disfrutado al finalizar el contrato de alquiler, es lo que se conoce como opción de compra.

11. **Indique las funciones principales de la ornamentación de un producto gráfico.**

- **Con función de caracterización o estética:** lazos, botones, pliegos de papel u otros materiales.
- **Con función de caracterización según destinatarios:** luces y sonidos para libros de niños, soportes para introducción de componentes como fundas de CD, etc.
- **Con función de protección y mantenimiento:** como por ejemplo protectores metálicos de las tapas de la obra.

12. **¿Qué es la encuadernación alzada?**

Es la encuadernación característica de la mayoría de las revistas. su característica principal es que todas sus páginas están montadas unas sobre otras, de manera que en cada pliego a encuadernar hay cuatro páginas de la obra. El efecto total se consigue doblando por la mitad el material encuadernado.

13. Complete la siguiente figura relacionada con la maquinaria empleada en una empresa gráfica.

Acabados	
Barnizadoras	Son los dispositivos mecánicos encargado de aplicar los procedimientos de barnizado sobre los distintos acabados
Plastificadoras	**Se crea una envoltura a través de la aplicación de una cobertura de plásticos sobre los materiales impresos con función de protección y estética**
Retractiladoras	Son similares a las plastificadoras pero se emplean para trabajos más delicados y una envoltura más discreta y sutil

14. Relacione un término de cada columna para obtener cuatro relaciones lógicas de acuerdo a los contenidos del capítulo e indique el motivo de la relación

a. Renting	1. Lineatura
b. Espiral	2. Leasing
c. Alquiler	3. Adquisición
d. Resolución	4. Cartoné

A2	Son modalidades de alquiler de maquinaria
B4	Son tipologías de encuadernación
C3	Son modalidades de adquisición de maquinaria
D1	Son características de la imagen que influyen en su impresión

15. Complete la siguiente figura de acuerdo a las definiciones dadas.

    a. Cantidad de líneas por pulgada de una imagen.

    b. Contiene los colores que van a emplearse en la digitalización de la imagen.

    c. Recoge la perdida sistemática de valor de la maquinaria de la empresa gráfica.

    d. Técnica de transferencia de tinta a través de una malla.

    e. Tipo de encuadernación de tapa blanda.

Solucionario Capítulo 6

1. **Complete el siguiente texto.**

   Una **herramienta** de planificación se define como una **metodología** empleada para establecer la definición **ordenada** y **cronológica** del conjunto de actividades que se va a desarrollar en el seno de la **empresa** de acuerdo a la consecución de unos **objetivos** determinados previamente de acuerdo a la **estrategia** empresarial.

2. **Indique cuál de las siguientes afirmaciones es verdadera o falsa.**

   a. Los parámetros de definición de las herramientas de planificación son tiempo, coste y unidades.

   ☑ **Verdadero**
   ☐ Falso

   b. Una herramienta muy utilizada para la planificación temporal de un proyecto editorial es el conocido diagrama de Gantt, creado por William Gauss.

   ☐ Verdadero
   ☑ **Falso**

   c. Diagramas de correlación es una herramienta que se apoya en la sociología a través de la interrelación del comportamiento de los distintos agentes sociales.

   ☐ Verdadero
   ☑ **Falso**

   d. Dentro del método Pert, el tiempo tardío es la duración mínima que puede conllevar la realización de una actividad.

   ☐ Verdadero
   ☑ **Falso**

3. ¿Qué significa APQP?

    a. Calidad total del proyecto editorial.
    b. Planificación avanzada de la calidad de un producto.
    c. Planificación avanzada de la calidad de un proyecto.
    d. Calidad total del producto editorial.

4. En el método Pert, una vez obtenidos los tiempos y la secuencia de actividades, se construye el...

    a. ... flujograma.
    b. ... diagrama de Gantt.
    c. ... histograma.
    d. Todas las opciones son correctas.

5. ¿Qué material se emplea en la flexografía para la creación de moldes?

    a. Aluminio.
    b. Madera.
    c. Caucho.
    d. Silicona.

6. Para el sector gráfico, se consideran materias primas...

    a. ... los bienes extraídos de la naturaleza sin ser sometidos a proceso de transformación alguno.
    b. ... los bienes y los servicios extraídos de la naturaleza sin ser sometidos a proceso de transformación alguno.
    c. ... los materiales que van a formar parte de los productos finales y que presenten rasgos simples en su transformación: papel, cartón, tintas, hilos, grapas, etc.
    d. ... los productos y los servicios que van a formar parte de los productos finales y que presenten rasgos simples en su transformación: papel, cartón, tintas, hilos, grapas, etc.

7. **Una de las finalidades del inventario en la planificación del proyecto gráfico es:**

   a. **Optimización del coste de almacén.**
   b. Resolución de problemas de negociación con proveedores.
   c. Gestión de políticas administrativas.
   d. Todas las opciones son correctas.

8. **Indique los tipos de inventario según su planificación.**

   Ordinario: es el que se realiza de manera planificada, descrito en el procedimiento administrativo de control de almacén y realizado de manera habitual.

   Extraordinario: es el inventario que se hace por circunstancias especiales que requieren de un control puntual de almacén. Por ejemplo, inventario después de una inundación del almacén.

9. **¿Qué es el método ABC? ¿Para qué se utiliza?**

   Dentro de las formas de organizar el control de almacén está con el método ABC. Este método pretende organizar los productos en el almacén por grupos (A, B o C) en función de la atención que necesitan, su cantidad y valor, para aplicar sobre ellos distintos sistemas de revisión. En otras palabras, se podría decir que cada grupo se asocia al grado de urgencia, un valor asociado y una cantidad media en la revisión de *stock*.

10. **¿Qué es el plazo de reposición?**

    El plazo de reposición se define como el periodo de tiempo que un producto tarda en volver a entrar en el almacén, no el mismo (ya que este ha sido absorbido por el proceso productivo) sino uno del mismo tipo.

11. **Defina los costes de estructura.**

    Costes de estructura o costes fijos: son aquellos costes que la entidad tiene por su propio funcionamiento empresarial, independientemente del volumen de producción. Se denominan de estructura porque se asocian directamente al correcto funcionamiento de la dinámica organizacional. Por ejemplo, el seguro de las instalaciones de almacén.

12. ¿Qué diferencias hay entre cliente externo e interno?

- **Cliente externo**: es el cliente que compra el producto de la empresa y sobre el que recae el destino de los productos.
- **Cliente interno**: son los distintos departamentos o secciones de la empresa que reciben productos o trabajos de otros, es decir, se entiende cliente interno como aquella fase del proceso de producción que recibe el producto para realizar sobre él otra acción productiva.

13. Relacione un término de cada columna para obtener cuatro relaciones con sentido. Explique estas relaciones.

1. Tiempo	a. Externalización
2. Interno	b. Receptor
3. Emisor	c. Unidades
4. Automatización	d. Externo

1c	Sin unidades de medida de la planificación empresarial
2d	Son los dos tipos de clientes de la planificación en entornos de calidad
3b	Elementos de la comunicación
4a	Acciones que la empresa tiene con respecto a la introducción de una nueva actividad

14. **Tache las fichas que no guarden relación con las restantes e indique a qué se refieren.**

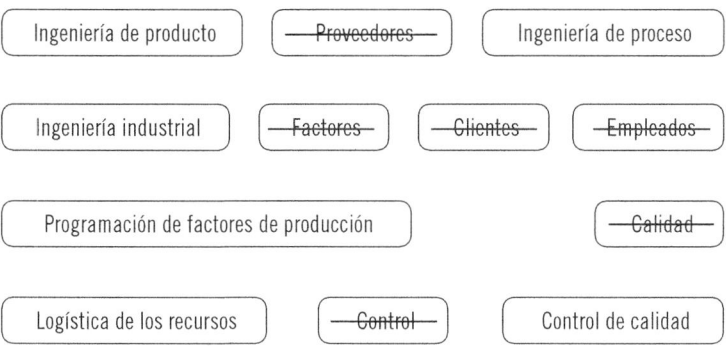

15. **Buscar los siguientes conceptos en la siguiente sopa de letras.**

- **PRIMAS:** lo son las materias que se relacionan en el inventario.
- **PLANIFICAR:** dícese de la estimación de resultados de actividades.
- **INSTRUCCIÓN:** indica cómo funciona un determinado elemento de producción.
- DIAGRAMA: lo es el de flujos.
- **ORGANIGRAMA:** representación gráfica de la estructura laboral de la empresa.
- **FORMATO:** documento estándar que incluye los registros de calidad.
- **INVENTARIO:** recoge la relación de existencias de la empresa y puede ser extraordinario.
- **COSTES:** se planifican, se presupuestan y se financian.
- **PERT:** herramienta de planificación que se define en un flujograma.
- **PREIMPRESA:** se dice de la imagen que es obtenida para comprobar el color y la forma pero no es definitiva.

P	B	R	E	M	A	P	R	I	M	A	S
L	C	O	N	S	U	M	O	C	B	T	U
A	A	D	I	A	G	R	A	M	A	B	S
N	I	N	S	T	R	U	C	C	I	O	N
I	U	T	R	C	I	O	I	T	T	O	I
F	O	R	G	A	N	I	G	R	A	M	A
I	P	R	E	I	M	P	R	E	S	A	U
C	V	C	T	F	O	R	M	A	T	O	T
A	U	B	C	O	N	T	R	A	T	A	I
R	I	N	V	E	N	T	A	R	I	O	V
C	O	S	T	E	S	I	L	P	E	R	T

Solucionario Capítulo 7

1. **La empresa gráfica, ante la devolución efectiva del producto, puede incurrir en las siguientes acciones con respecto al cliente.**

    a. Reparar el daño que ha sido objeto de la devolución.
    b. Volver a elaborar el producto, sin coste para el cliente.
    c. Devolver el dinero al cliente por la imposibilidad de efectuar solución sobre el daño.
    d. **Todas las opciones son correctas.**

2. **Indique uno de los objetivos de la política medioambiental de la empresa gráfica.**

    a. **Prevención de la contaminación.**
    b. Separación de la basura.
    c. Uso de bombillas de ahorro.
    d. Reciclaje de todo el material devuelto.

3. **¿Dónde reside el especial interés del tratamiento medioambiental de los productos devueltos en el sector gráfico?**

    a. **Trabaja con gran cantidad de materiales susceptibles de ser reciclados y emplea grandes dosis de productos químicos.**
    b. Trabaja con gran cantidad de materiales susceptibles de ser reciclados solamente.
    c. Emplea grandes dosis de productos químicos que no se pueden reciclar.
    d. Supone la emisión de grandes dosis de humos.

4. **Las tasas y los impuestos que se generan por la tenencia de almacenes en la empresa se consideran como...**

    a. ... amortizaciones.
    b. ... instalaciones.
    c. **... tributos.**
    d. ... seguros.

5. Son tipos de venta...

    a. ... la venta por catálogo y por Internet solamente.
    b. ... la venta exclusiva.
    c. ... la venta directa.
    d. Todas las opciones son correctas.

6. ¿Qué son los costes de mantenimiento de almacén?

Aquellos aspectos relacionados con el mantenimiento de las materias en almacén de manera que conserven su estado y composición original. Tienen un carácter más variable y complejo por estar asociadas al tipo y al volumen de producción.

7. Atendiendo a la regularidad de la compra, ¿qué tipos de clientes existen?

Clientes puntuales: son aquellos que han adquirido un producto editorial y no han repetido compra en la firma editorial. Por ejemplo, un cliente que compró un libro en junio del pasado año.

Habituales: son los clientes que compran asiduamente un determinado producto editorial. Por ejemplo, una ciudadana que compra todos los domingos un periódico deportivo.

Suscritos: son aquellos clientes cuya continuidad en la compra queda reflejada a través de una relación formal con hitos de compra determinados.

Grandes cuentas: son clientes que adquieren grandes cantidades de productos editoriales en relación con la media de ventas de la empresa editorial. Por ejemplo, un colegio que adquiere los libros de texto todos los años de una determinada editorial.

8. Defina "consumidor final".

Se entiende por consumidor final como la persona que hace uso del producto o servicio de acuerdo a su actividad, gusto o preferencia. Este concepto hay que distinguirlo del término cliente, ya que este es el que adquiere el bien o servicio y paga el precio, pero puede ser el consumidor del producto o no.

9. ¿Qué son las provisiones por riesgos de gastos?

El riesgo asumido por la puesta en circulación de un vehículo lleva consigo la realización de unas medidas preventivas, por parte de la empresa, para dar solución a posibles problemas que puedan surgir Y se reconoce como un coste de mantenimiento de almacén.

10. Indique tres requisitos de las unidades de venta compuestas de varios productos.

▮ Forman un todo ordenado.
▮ Se define un único código de producto donde se indica el número de productos.
▮ Existe homogeneidad en el desarrollo de contenidos dentro de los distintos productos.
▮ Existe un precio de venta del conjunto.
▮ No existe precio de venta de cada uno de los productos por separado.
▮ Están contenidas en un mismo embalaje y envase.
▮ El transporte y almacenaje se realiza de forma conjunta de todas y cada una de ellas.

11. Complete el siguiente texto.

Una vez definidos los **objetivos** y las **estrategias** del proyecto editorial se definen las **acciones** relativas al área logística, siendo esta encargada de poner el **producto elaborado** a disposición del **consumidor final,** así como aquellas acciones que de su **movimiento** y **manipulación** en la cadena de **comercialización** se desprenden.

12. Indique cuál de las siguientes afirmaciones es verdadera o falsa.

a. Los recursos humanos de la planificación son aquellos relacionados con el número de horas de mano de obra del que dispone la editorial definidas a partir de su competencia.

☑ **Verdadero**
☐ Falso

b. Los recursos técnicos materiales son aquellos que van a formar parte del producto editorial y que poseen un carácter tangible: instalaciones, maquinaria, herramientas, etc.

☑ **Verdadero**
☐ Falso

c. La norma ISO 14000 es el marco normativo internacional que desarrolla las pautas generales y voluntarias con respecto a los mejores procedimientos para realizar una adecuada gestión ambiental.

☑ **Verdadero**
☐ Falso

d. Las devoluciones pueden estar causas por incumplimiento de condiciones de contrato claramente establecidas o porque al cliente no le guste el producto, y siempre se ha de aceptar la devolución.

☐ Verdadero
☑ **Falso**

13. **Relacione un término de cada columna para obtener cuatro relaciones con sentido. Explique el porqué.**

1. Técnicos	a. Venta directa
2. Transporte	b. Punto de intercambio
3. Exclusiva	c. Humanos
4. Venta por catálogo	d. Intensiva

1c	Son recursos que influyen en la planificación
2b	Elementos que forman parte de la cadena de distribución
3d	Estrategias de distribución, venta o comerciales
4a	Tipos de venta

14. Comente la siguiente figura identificando productos y unidades de venta.

Coleccionable por el que cada semana el cliente puede adquirir un tomo de la enciclopedia de 22 tomos.

Esta imagen representa 22 unidades de venta que coinciden con los 22 productos, ya que no se venden todos a la misma vez y bajo el mismo precio ni embalaje, por lo que no responde a los criterios de una única unidad de venta.

15. Busque los siguientes términos en la sopa de letras.

1. Solo vende en determinados establecimientos:
2. Consumidor que usa el producto:
3. Área donde se desarrolla la distribución del producto gráfico:
4. Red donde se puede comprar un libro:
5. Muestra del producto que sirve de guía para la veracidad de la devolución:
6. Acción sobre el producto gráfico que el cliente realiza sobre el producto defectuoso:
7. Lo es la ISO1400:
8. Lugar donde se custodian los productos elaborados hasta su transporte o venta:
9. Si la empresa no realiza el producto lo tiene que...:
10. Espacio virtual donde se pueden comprar productos gráficos:

E	C	A	L	A	D	O	N	O	R	M	A
X	M	I	O	R	P	S	U	S	S	T	N
C	P	A	G	U	T	O	O	D	U	N	T
L	R	F	I	P	R	C	D	U	S	I	D
U	F	O	S	I	E	I	A	C	T	O	E
S	I	O	T	P	L	A	T	P	R	U	V
I	N	T	I	O	O	L	C	R	A	N	O
V	A	W	C	I	W	W	O	U	T	E	L
A	L	M	A	C	E	N	H	E	O	N	V
O	H	E	R	A	B	P	R	B	E	B	E
S	U	B	C	O	N	T	R	A	T	A	R

Solucionario 2
Elaboración del presupuesto editorial

Solucionario Capítulo 1

1. ¿Qué significado posee el acrónimo ISO?

   a. Organización Internacional para la Estandarización.
   b. Órgano de Estándares Organizacionales.
   c. Instituciones Sociales de Organización.
   d. Sistemas de Estandarización Organizacional.

2. ¿Qué significa UNE?

   a. Unión Naciones Europeas.
   b. Unión Europea de Naciones.
   c. Una Norma Europea.
   d. Todas las opciones son incorrectas.

3. La prueba en el contrato sirve para...

   a. ... representar los rasgos principales del producto final.
   b. ... guía de referencia para la elaboración del producto.
   c. ... garantía para el cliente respecto al cumplimiento del contrato.
   d. Todas las opciones son correctas.

4. Pueden ser soporte de un producto gráfico...

   a. ... las tintas.
   b. ... los colores.
   c. ... el aluminio.
   d. ... los acabados.

5. El contrato debe contener...

   a. ... identificación de las partes.
   b. ... producto a elaborar.
   c. ... plazos de fabricación.
   d. Todas las opciones son correctas.

6. ¿Qué es la Asociación Española de Normalización (AENOR)?

Es la presencia española, que tiene como misión la dedicada a la elaboración, aplicación y certificación empresarial de la normalización indicada a nivel internacional, fomentando la competencia empresarial y la conservación del medio ambiente. Además de en ISO, representa a España en otros organismos de normalización en distintos ámbitos geográficos de cobertura; de ahí el nombre UNE (Una Norma Española).

7. Defina sustrato de un producto gráfico.

Se habla de sustrato para referirse al material sobre el que se va a elaborar el producto gráfico. El material más extendido es el papel y sus derivados, pero no es el único, y son cada vez más empleados los sustratos plásticos, metales, textiles, etc., en función de los objetivos perseguidos en la comercialización o exposición del producto y el coste derivado de cada uno de ellos.

8. ¿Qué es un Densitómetro?

La herramienta que se emplea para medir la densidad y el porcentaje de puntos obtenido en la impresión, cuya utilidad es fundamental para aportar información sobre la calidad de una impresión.

9. ¿Qué elementos puede contener principalmente un original?

- Texto: son los más comunes, y solos o acompañados de otros elementos pueden presentar innumerables formatos y diseños.
- Imágenes: pueden ser irreales o representaciones reales (fotografías). Se ha de prestar especial atención a su calidad de resolución y matizaciones de color.
- Gráficos: representaciones de valores cuantitativos y cualitativos, que suelen entregarse en formato físico o digital.
- Dibujos: su tratamiento es similar al de las fotografías.
- Otros: existe una amplia gama de componentes originales de los productos gráficos, tales como hilos, lazos, ornamentos, audios, luces, etc., unas veces suministrados por el cliente y otras solicitados para que sea la empresa gráfica la que los incluya en el producto final.

10. Indique los tipos principales de pruebas.

▌ Pruebas conceptuales o visuales: en esta prueba se muestran contenidos, estructura de los mismos y se percibe claramente el diseño. Son las pruebas que poseen menor grado de detalle y suelen ser las empleadas en las negociaciones iniciales del contrato.

▌ Pruebas tipográficas: suponen dar un paso más sobre las anteriores puesto que se incluyen tipografías y ubicación de gráficos. Suelen ser muy similares a las anteriores.

▌ Pruebas de color: incluyen el color como elemento de la muestra y representan la elección que el cliente hace de los mismos. Estas pruebas requieren obligatoriamente la impresión sobre el soporte real (material) que se va a emplear. Además, incluyen elementos relacionados con la impresión como densidad de masas, precisión, error de tono, etc.

▌ Pruebas de contrato: es el escalafón más alto en el detalle y precisión de la prueba. Se denominan así porque son las que se emplean para cerrar el contrato, mientras que las anteriores son más orientativas a efectos de consenso inicial entre proveedor y cliente.

11. Relacione un concepto de cada columna para que las cuatro relaciones resultantes tengan sentido.

a. Propiedad
b. Sustrato
c. Acabado
d. Maqueta

d. Prueba
a. Intelectual
b. Papel
c. Textura

12. Identifique los siguientes colores y ponga también su inicial.

	K	Negro
	Y	Amarillo
	C	Cian
	M	Magenta

13. Rellene los huecos para que el párrafo tenga sentido.

En este campo se realiza lo que se denomina **pruebas de color,** que son test que se aplican sobre el **producto gráfico** y permiten obtener información sobre la concentración de color que tiene la obra. La utilidad de estas pruebas radica en la necesidad de revisar el resultado obtenido en la **impresión** con el objetivo de igualar los colores impresos lo más fielmente posible a los **originales** o **planificados**.

14. Indique sin son verdaderas o falsas las siguientes cuestiones. En el caso de que sean falsas, indique la razón.

    a. Los adhesivos son pegamentos que forman parte de la composición y montaje de la obra y cuya intensidad de pegado va en función del tamaño y material de la obra.

        ☒ **Verdadera**
        ☐ Falsa

    b. Se habla de soporte para hacer referencia a la fase del proceso de elaboración que se lleva a cabo sobre la superficie del producto, de manera que se establezca una serie de rasgos sobre la misma que caractericen esta superficie, no solo a nivel estético sino también de otros usos, como manipulación, almacenaje, protección, higiene y conservación.

        ☐ Verdadera
        ☒ **Falsa**
        Son los acabados

    c. Las pruebas de color suponen dar un paso más sobre las anteriores puesto que se incluyen tipografías y ubicación de gráficos. Suelen ser muy similares a las anteriores.

        ☐ Verdadera
        ☒ **Falsa**
        Son las pruebas tipográficas.

    d. El semimate se da cuando el producto no reflecta luminosidad recibida pero sí la refleja, es decir, posee un brillo muy suave, casi imperceptible.

        ☒ **Verdadera**
        ☐ Falsa

15. **Localice los conceptos que responden a las siguientes definiciones en la sopa de letras.**

- Sinónimo de finalizado. El tacto del producto gráfico. ACABADO
- No sujeta nada pero lleva impreso el producto. SUSTRATO
- No es magenta ni cian, ni negro. AMARILLO
- Da forma legal a la relación entre empresa y cliente. CONTRATO
- Revisión de originales o... *PREFLIGH*
- Ley protección _____ de los derechos de autor. INTELECTUAL
- Texto escrito a mano. MANUSCRITO
- Similar a maqueta. PRUEBA
- Una norma española. UNE
- Tres letras marcan el inicio del nombre de la norma internacional. ISO

A	C	A	B	A	D	O	A	C	I	O	I
C	M	I	C	R	P	C	U	S	S	T	N
O	P	A	O	U	T	F	O	D	U	N	T
N	R	F	R	P	R	O	D	U	S	I	E
T	E	O	S	I	E	S	A	C	T	O	L
R	F	O	O	P	L	I	T	I	R	U	E
A	L	T	B	O	O	L	C	I	A	N	C
T	I	W	G	I	S	W	O	B	T	E	T
O	G	P	Y	R	I	G	H	T	O	N	U
O	H	E	R	A	T	P	R	U	E	B	A
M	A	N	U	S	C	R	I	T	O	A	L

Solucionario Capítulo 2

1. **La ley que regula los derechos de autor es:**

   a. Ley de Protección Intelectual.
   b. Ley de Prevención De Riesgos Laborales.
   c. **Ley de Propiedad Intelectual.**
   d. Ley de Defensa Del Consumidor.

2. **El derecho moral de una obra es:**

   a. **El derecho de decisión sobre la manipulación de la obra en el entorno social y económico.**
   b. El respeto al autor en el sentido de prohibir las críticas en relación al contenido de la obra.
   c. El derecho a la intimidad del autor y de toda su familia.
   d. El derecho que contienen solamente obras religiosas y de alto contenido moral.

3. **Los textos pueden ser de diferentes tipos, excepto...**

   a. ... los manuscritos.
   b. ... los impresos.
   c. **... los dibujos.**
   d. Todos las opciones son correctas.

4. **Una obra en la que no se identifica el autor es:**

   a. Nula.
   b. Inexistente.
   c. **Anónima.**
   d. Seudónima.

5. **Las imágenes incluyen diferentes variedades, y un ejemplo de ellas son:**

    a. Fotografías.
    b. Dibujos.
    c. Diseños informáticos.
    d. Todas las opciones son correctas.

6. **Indique brevemente qué es un seudónimo.**

El seudónimo es un nombre inventado que oculta el verdadero del autor y que se emplea para firmar la obra.

7. **¿Qué es el derecho exclusivo de explotación?**

Sobre el poseedor de los derechos de autor recaen las acciones de explotación de la misma, es decir, de comercialización de la obra; esta comercialización puede ser realizada en nombre propio o delegada bajo contrato legal a un tercero, como, por ejemplo, una empresa editorial.

8. **Indique dos excepciones que la Ley de Propiedad Intelectual considera respecto al campo de la docencia.**

    ▪ El uso de obras o fragmentos de las mismas para su estudio y análisis, siempre que se cite su autor y la fuente de donde se ha obtenido.
    ▪ La reproducción de una obra o partes de la misma con objeto de investigar sobre ellas o contribuir a su mejor conservación, siempre y cuando estas actividades no tengan ánimo de lucro.

9. **¿Qué se entiende por comunicación pública de la obra?**

Se da cuando la obra se expone para ser vista en un ámbito abierto sin que exista distribución de ejemplares. Ejemplo de ello es la exposición de un cuadro en un museo, una obra de teatro, una película emitida en un cine, etc.

10. **Defina obra colectiva.**

Es aquella obra cuya elaboración ha requerido de la intervención de dos o más autores y donde existe un reconocimiento mutuo de este hecho.

11. **Complete los espacios marcados para que el párrafo en su totalidad tenga sentido acorde con la materia tratada en el capítulo.**

Según el **Real Decreto Legislativo 1/1996,** de 12 de abril, por el que se aprueba el texto refundido de la **Ley de Propiedad Intelectual,** regularizando, aclarando y armonizando las disposiciones legales vigentes sobre la materia, concretamente el **artículo 5,** de Autores y otros beneficiarios, dentro del título II, Sujeto, objeto y contenido, desarrollado bajo el **capítulo primero,** Sujetos, se considera autor a la **persona natural** que crea una obra artística o científica y **personas jurídicas** bajo determinadas premisas definidas en la ley.

12. **Indique sin son verdaderas o falsas las siguientes cuestiones. En el caso de que sean falsas, indique la razón:**

a. Una obra individual es aquella realizada por una sola persona física que manifiesta su autoría y da prueba de su originalidad.

☑ **Verdadera**
☐ Falsa

b. Los derechos de autor son dependientes, compatibles y acumulables.

☐ Verdadera
☑ **Falsa**
Son independientes.

c. Según la Ley de Propiedad Intelectual, la reproducción se entiende como la fijación directa o indirecta, provisional o permanente, por cualquier medio y en cualquier forma de toda la obra o de parte de ella, que permita su comunicación o la obtención de copias.

☑ **Verdadera**
☐ Falsa

d. Respecto a la duración de los derechos de autor, la normativa actual establece que los derechos de explotación de la obra durarán toda la vida del autor y setenta años después de su muerte o declaración de fallecimiento.

☑ **Verdadera**
☐ Falsa

13. **Relacione un concepto de cada columna para que las cuatro relaciones resultantes tengan sentido.**

a. Propiedad
b. Colaboración
c. Derecho
d. Excepción

d. Docencia
b. Colectiva
a. Intelectual
c. Moral

14. **Complete la siguiente figura relativa a los derechos derivados de la propiedad intelectual de una obra.**

15. **Complete en horizontal el siguiente cuadro de acuerdo a la información proporcionada.**

1. Se dice de la acción de dar a conocer una obra, de difundirla. **DIVULGAR**
2. Facultad de los autores legales de la obra para comercializarla en distintos mercados. **EXPLOTAR**
3. Puede ser manuscrito, en prosa o en verso. **TEXTO.** Iniciales de la ley que regula los derechos de autor. **LPI**
4. Acción matemática que es característica de los derechos de autor. **ACUMULAR**
5. Poseedor de los derechos de propiedad intelectual sobre la obra. **AUTOR**
6. Se dice de la comunicación de una obra cuando esta es exhibida. **PÚBLICA**
7. Lo que no hacen los derechos de autor entre sí, como una de sus principales características. **DEPENDER**
8. Periodo tras el fallecimiento del autor que se mantiene la propiedad de los derechos. **70.** Lo que no se puede hacer con un libro sin autorización ni siquiera en blanco y negro. **COPIAR**
9. Puede ser una fotografía, un dibujo o un diseño informático. **IMAGEN**
10. Dícese de la propiedad de una obra cuando es realizada por varios autores. **COLECTIVA**

	1	2	3	4	5	6	7	8	9
1	D	I	V	U	L	G	A	R	
2		E	X	P	L	O	T	A	R
3	T	E	X	T	O		L	P	I
4	A	C	U	M	U	L	A	R	
5	A	U	T	O	R				
6		P	U	B	L	I	C	A	
7		D	E	p	E	N	D	E	R
8	7	O		C	O	P	I	A	R
9	I	M	A	G	E	N			
0	C	O	L	E	C	T	I	V	A

Solucionario Capítulo 3

1. **Indique sin son verdaderas o falsas las siguientes cuestiones. En el caso de que sean falsas, indique la razón:**

   a. Una desviación puntual es más relevante y requiere de mayor atención que una estructural.

      ☐ Verdadera
      ☑ **Falsa**
      Es al revés.

   b. El camino crítico de un proyecto es la sumatoria de fases que atraviesa en el seno de la producción.

      ☐ Verdadera
      ☑ **Falsa**
      Son las fases esenciales del proyecto y no solo en la fase de producción, en todas las que conforman su estructura.

   c. El coste total de una entidad es la suma de coste variable y coste fijo.

      ☑ **Verdadera**
      ☐ Falsa

   d. La cuenta de resultados es el documento contable que muestra, para un ejercicio económico, la suma total de costes e ingresos obtenidos.

      ☑ **Verdadera**
      ☐ Falsa

2. **Rellene los huecos para que todo el texto tenga sentido, y que esté relacionado con la materia aprendida:**

   El **coste fijo unitario** es la medida de **coste** que se refiere a la **atribución** de los costes de estructura a una **unidad producida,** por lo que este será menor cuanto **mayor** es el número de unidades producidas, puesto al ser una **cantidad fija** esta disminuye cuanto **mayor** es el número de unidades a repartir.

3. El coste para la empresa editorial relacionado con el ingreso que deja de ganar por optar por una vía de comercialización en lugar de otra se denomina...

    a. ... coste de almacén.
    b. ... coste de alternancia.
    c. ... coste de oportunidad.
    d. Todas las opciones son correctas.

4. Los productos que se encuentran inmersos en el proceso de producción y tienen un valor económico se denominan...

    a. ... subproductos.
    b. ... productos en curso.
    c. ... productos semielaborados.
    d. ... productos terminados.

5. El presupuesto que establece las líneas generales de costes de forma resumida se denomina...

    a. ... principal.
    b. ... abreviado.
    c. ... resumido.
    d. ... desglosado.

6. El Diagrama de Gantt se emplea en el estudio y estimación de...

    a. ... costes.
    b. ... tiempos.
    c. .... recursos.
    d. Todas las opciones son correctas.

7. Los gastos de obligatorio cumplimiento de acuerdo al marco legal en el que se desarrolla la actividad empresarial son:

    a. Intereses.
    b. Compras.
    c. Gastos.
    d. Tributos.

8. **Si una empresa introduce un nuevo proyecto editorial y estima un tiempo máximo de realización de siete días, uno mínimo de tres y un promedio de cinco, calcule el tiempo real esperado.**

Tiempo Real = [TO + 4TM + TP]/6

Tiempo Real esperado= [3+ 4 x 5 +7] / 6 = 5 días

9. **Defina los gastos de personal.**

Se corresponden con los gastos relativos al mantenimiento de los recursos humanos de la empresa, tanto los que van directamente a ellos, como los que en su nombre se destinan a otro lugar (pago de la seguridad social del trabajador).

10. **Indique el significado del coste relativo a envases y embalajes:**

Son productos de almacén que, aun pudiendo tener valor de venta, solo se venden acompañando a los productos finales (elaborados o mercaderías) para protegerlos, contenerlos, transportarlos, etc. Ejemplo: cajas de plástico o cartón, bolsas, etc.

11. **¿A qué se refieren las actividades secundarias en el proceso de elaboración de un producto?**

Son aquellas acciones o partidas dentro del presupuesto que permiten modificaciones para conseguir un mayor ahorro, pero no se pueden suprimir. Por ejemplo, una revista del corazón en la boda del año pensaba poner papel especial de alta calidad a ese reportaje y finalmente, por restricción presupuestaria, no se puede llevar a cabo esa acción.

12. **¿Qué es el camino crítico de un proyecto?**

Se denomina camino crítico de un proyecto al conjunto de actividades críticas que lo conforman y la sucesión entre ellas así como sus relaciones de dependencia, siendo las actividades críticas aquellas en las que una modificación en su duración supone un cambio en el proyecto en general.

13. **Relacione los términos de una columna con los de la opuesta para obtener cuatro relaciones con sentido en base a la materia aprendida.**

    a. Coste
    b. Productos
    c. Estimación
    d. Diagrama

    c. Costes
    d. De Gantt
    a. Oportunidad
    b. Semiterminados

14. **Complete la siguiente figura de acuerdo a la clasificación de recursos empleados por las empresas para la elaboración de sus productos:**

Humanos	Directos
	Indirectos
Técnicos	Materiales
	Inmateriales
	Financieros

15. **Busque en la sopa de letras los conceptos que dan respuesta a los siguientes enunciados.**

  ❙ Acción de comparar resultados entre lo planificado y lo real. **EVALUAR**
  ❙ Costes fijos e independientes del volumen de producción. **ESTRUCTURA**
  ❙ Desglose de los componentes de coste de un producto. **ESCANDALLO.**
  ❙ Lo es el de barras, también el de Gantt. **DIAGRAMA**
  ❙ Diagrama que representa los tiempos de las actividades de un proyecto. **GANTT**
  ❙ Para estimar costes y tiempos. Procedimiento. **MÉTODO**
  ❙ Dícese del presupuesto de detalle. No principal. **DESGLOSADO**
  ❙ Materia no transformada. **PRIMA**
  ❙ Los recursos que influyen en el tiempo sin ser humanos. **TÉCNICOS**
  ❙ El coste que no es fijo ni variable pero es ambos a la vez. **SEMIFIJO**

E	B	T	B	O	O	K	L	N	G	L	A
V	O	E	C	R	D	C	I	E	A	T	S
A	P	C	O	U	A	O	H	Y	N	B	E
L	R	N	P	H	S	A	T	V	T	E	M
U	I	I	R	T	I	Z	A	E	T	O	I
A	M	C	D	I	A	G	R	A	M	A	F
R	A	O	N	N	N	A	O	F	L	A	I
A	V	S	T	V	H	N	N	A	I	E	J
E	S	C	A	N	D	A	L	L	O	A	O
W	R	D	E	S	G	L	O	S	A	D	O
E	S	T	R	U	C	T	U	R	A	A	A

Solucionario Capítulo 4

1. **Complete la siguiente frase:**

Se entiende la **subcontratación,** externalización o **tercerización,** traducción del término inglés *outsourcing,* como la acción **contractual** mediante la cual una empresa **subcontratarte** canaliza recursos hacia otra, **subcontratada,** para llevar a cabo un objetivo común, relacionado con la realización de una actividad determinada, en nombre de la empresa **principal,** pero por su cuenta y **riesgo.**

2. **Indique sin son verdaderas o falsas las siguientes cuestiones. En el caso de que sean falsas, indique la razón:**

   a. El pago por un importe variable es el que establece un pago por un periodo de tiempo determinado, sujeto a unos objetivos de venta determinados.

      ☐ Verdadera
      ☑ **Falsa**
      Este es el importe variable.

   b. La contratación de proveedores ha de estar sujeta a una serie de principios de acuerdo a las políticas de calidad y la adecuada gestión organizativa de la entidad.

      ☑ **Verdadera**
      ☐ Falsa

   c. El principio de concurrencia está referido a la libertad de los proveedores existentes en el mercado a participar en la selección, siempre y cuando cumplan las condiciones expuestas en la selección.

      ☑ **Verdadera**
      ☐ Falsa

d. La observación es una técnica de prospección de mercado a través del análisis del comportamiento llevado a cabo por el proveedor respecto a los trabajos de suministros realizados a otras empresas.

☑ **Verdadera**
□ Falsa

3. **¿Cuál es una forma de obtener información para la prospección del mercado de proveedores?**

a. Blogs.
b. Páginas web.
c. Redes sociales.
d. Todas las opciones son correctas.

4. **En el contrato con proveedores es obligación del proveedor...**

a. ... efectuar el pago en las condiciones establecidas en el contrato y el lugar determinado.
b. ... facilitar los datos necesarios para la formalización de los procedimientos administrativos pertinentes.
c. ... comprometerse al correcto uso del producto de acuerdo a las instrucciones establecidas en la documentación aportada por el proveedor en el acto de compra.
d. ... proporcionar las instrucciones técnicas así como los términos de garantías para el producto adquirido.

5. **Son principios que rigen la prospección de mercado todos menos...**

a. ... la claridad.
b. ... la accesibilidad.
c. ... la oportunidad.
d. ... la economicidad.

6. **Cuando se adquiere una muestra de producto de un proveedor para la prospección de mercado, este producto se considera una...**

    a. **... prueba.**
    b. ... alternativa.
    c. ... pista.
    d. Todas las opciones son incorrectas.

7. **Cuando la empresa subcontratante paga un importe (comisión) sobre cada unidad vendida, este pago se considera...**

    a. ... una cuota fija.
    b. ... una cuota semifija.
    c. **... un importe variable por comisión.**
    d. ... un importe semivariable.

8. **Defina punto de pedido.**

Es el nivel de existencias que indica que hay necesidad de gestionar nuevos aprovisiona-mientos. Está por encima del stock mínimo y asegura que en el plazo de entrega de las nuevas existencias la empresa no alcanzará ese nivel mínimo de *stock*.

9. **Indique tres de los principales objetivos de la gestión de aprovisionamiento de la pequeña empresa.**

- Contribuir al cumplimiento de los objetivos globales marcados por la estrategia empresarial.
- Encontrar proveedores competentes y fiables.
- Contribuir a la mejora de la calidad de la producción empresarial.
- Minimizar los riesgos en la compra de existencias y otros aprovisionamientos.
- Poseer flexibilidad para responder a las fluctuaciones de la demanda de productos de la empresa.
- Minimizar el coste total de la gestión sin sacrificar calidad y competitividad del proceso.

10. Clasifique los proveedores según su forma de pago.

I Proveedores de contado: son aquellos proveedores que la empresa ha de pagar en el momento de la compra de los productos, es decir, el pago se materializa en el acto de compra.

I Proveedores a plazo: se trata de los proveedores que permiten flexibilidad en el pago de los productos adquiridos por la empresa, bien definiendo plazos, aceptado efectos comerciales a cobrar o aplazando el plazo total a una fecha determinada.

11. Indique cuatro de las principales ventajas de segmentar.

I Facilitar la toma de decisiones sobre cada uno de ellos.

I Estudiar en profundidad las características de cada uno de los segmentos definidos.

I Especificar acciones concretas de *marketing* en función los criterios de cada sector.

I Lograr una eficiencia en la gestión empresarial global.

I Fomentar la facilidad de evaluación y control de tendencias de cada uno de los segmentos.

12. ¿Qué es un mercado de competencia perfecta?

Es aquel donde no existe intervención pública que regule los intercambios, es decir, la producción y precio asociado a los productos se regula de manera conjunta entre la oferta y demanda de dichos bienes. Se caracteriza por un elevado número de oferentes y demandantes y un total acceso a la información y recursos disponible sobre los mismos, así como una gran transparencia en el mercado.

13. Relacione un concepto de cada columna para establecer cuatro relaciones con sentido sobre la clasificación de proveedores:

      a. Bienes
      b. Fabricante
      c. Nacionales
      d. Contado

      c. Internacionales
      a. Servicios
      d. Plazo
      b. Mayorista

14. **¿Cómo expresaría en términos coloquiales la segmentación del mercado que hace una determinada empresa editorial?**

En términos coloquiales se puede expresar la segmentación del mercado que hace una determinada empresa editorial como la división del mismo en base a determinados criterios, de manera que cada segmento posea características comunes que lo diferencien de los restantes a efectos de realizar acciones concretas y específicas sobre cada uno de ellos.

15. **Adivine la palabra oculta verticalmente, respondiendo a las pistas emplazadas en espacios horizontales:**

1. "Bienes Intangibles".
2. Quien compra a un proveedor.
3. ¿?
4. Espacio económico donde las empresas desarrollan su actividad. Puede ser dividido según tipo de clientes.
5. ¿?
6. Cuando se paga en el momento de la compra.
7. Más allá de la frontera nacional.
8. Si un proveedor vende ahora y cobra dentro de un tiempo.
9. Dícese de la acción de contratar servicios a otras empresas para el propio proceso productivo.
10. ¿?
11. El que suministra productos para el proceso de producción empresarial.
12. ¿?

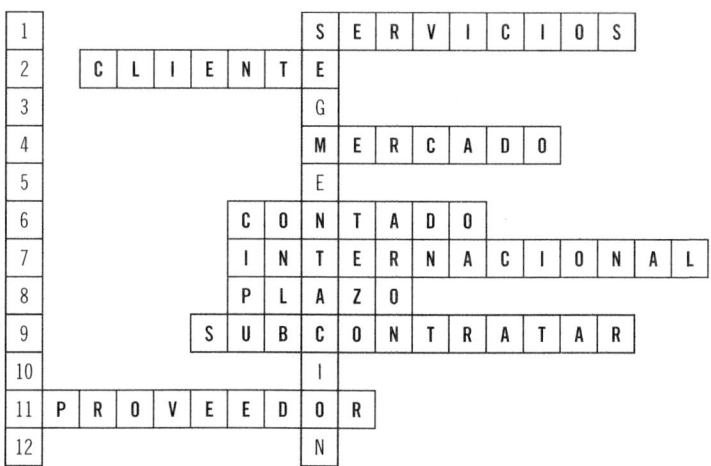

Especificaciones de calidad en preimpresión

Solucionario Capítulo 1

1. Complete el siguiente texto.

Los tipos de archivos de fuentes más comunes son *PostScript, TrueType* y *OpenType.* De estos tres, el más recomendable es OpenType, ya que es compatible con *Windows* y *Mac.* Este tipo de archivos de fuentes fue creado por *Adobe* y *Microsoft.*

2. ¿Cuál de las siguientes frases corresponde a las correcciones de nivel ortotipográfico?

    a. Acerca del sangrado de los párrafos.
    b. Acerca de la veracidad de lo vertido en un artículo científico.
    c. Acerca del estilo del autor, de su forma de escribir.
    d. Las respuestas b y c son correctas.

3. ¿Cuál de las siguientes familias tipográficas es sin serif?: Rockwell, Helvética, Akzidenz Grotesk, Arial o Futura.

    a. Todas menos la Rockwell.
    b. Arial y Futura.
    c. Todas son fuentes sin serif.
    d. Todas menos la Helvética.

4. Relacione el símbolo de corrección con su significado.

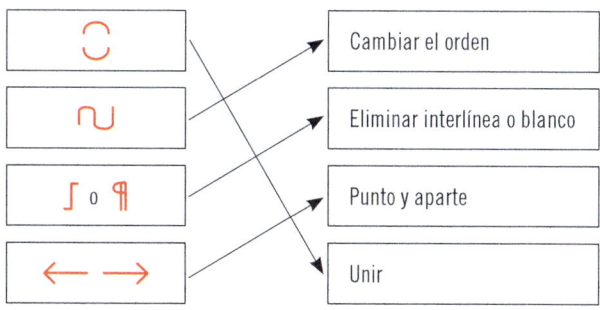

5. Este símbolo, ¿qué marca en el texto?

    a. Aumentar interlineado.
    b. Quitar comillas.
    c. Insertar espacio entre palabras.
    d. Añadir comillas.

6. El formato "folio" que se usaba en España fue reemplazado por el A4, del sistema estandarizado DIN. ¿Qué otros formatos corresponden a esta norma? Señale la frase correcta.

    a. Únicamente los que, además del folio, sustituyeron al pliego pequeño, medio pliego pequeño, cuartilla y octavilla.
    b. Todos los formatos de la serie A, B y C.
    c. Todos los formatos de la serie A y B. La serie C no corresponde por ser sobres y no papeles para imprimir.
    d. Todos los formatos que se obtienen del A0.

7. Explique en pocas palabras la diferencia fundamental entre el cuerpo y la mancha de una letra.

El cuerpo de una letra incluye espacios en blanco arriba y abajo, que corresponden a los hombros superior e inferior, mientras que la mancha no los incluye.

8. **Rellene los huecos correspondientes a las partes de un carácter:**

Hombro o arco
Brazo
Filete o barra
Rasgo descendente
Asta
Ojo
Pierna
Remate o serif
Travesaño
Anillo
Rasgo ascendente

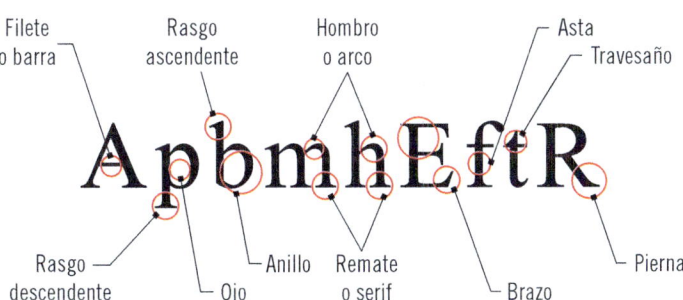

9. **Señale si las siguientes afirmaciones sobre la letra capitular son verdaderas o falsas.**

Los párrafos con letra capitular deben ir sangrados.

☐ Verdadero
☑ **Falso**

Debe ocupar al menos tres líneas de texto.

☑ **Verdadero**
☐ Falso

Es necesario que el párrafo con capitular tenga una línea de blanco como espacio con respecto al párrafo anterior.

☑ **Verdadero**
☐ Falso

10. Las normas ortotipográficas, ¿son las mismas en todos los idiomas?

    a. Falso, cada región lingüística exige aplicar distintas normas ortotipográficas, aunque haya algunas compartidas.
    b. Verdadero, dado que se usan los mismos programas informáticos y estándares para formatos y signos de corrección.
    c. Verdadero, porque, como indica Martínez de Sousa, nuestras costumbres ortotipográficas proceden del inglés y del francés.
    d. Todas las respuestas anteriores son correctas.

11. Describa tres ventajas de trabajar con un programa gestor de fuentes como *Suit-Case Fusion*.

❚ Se pueden categorizar las fuentes en carpetas, según tipos e incluso por proyectos.
❚ Permite no tenerlas instaladas en la carpeta Fuentes, sino en cualquier parte del disco duro.
❚ Activar y desactivar archivos de fuentes según se necesiten.

12. Relacione cada elemento de la lista numérica con su correspondiente característica:

    a. Interlineado.
    b. Gill Sans.
    c. Cran.

    c. Sin serif.
    a. Tipo metálico.
    b. Contragrafismo.

13. Escriba las combinaciones posibles de letras con serif y sin serif, utilizando estas tipografías dadas: Garamond, Baskerville, Futura y Albertus.

Futura-Garamond, Futura-Baskerville, Albertus-Baskerville y Albertus-Garamond.

14. Las fórmulas matemáticas se ponen en...

    a. ... mayúsculas.
    b. ... negrita.
    c. ... cursiva.
    d. ... minúscula.

15. Las tipografías Playbill y Elephant, ¿qué tienen en común?

Playbill **ABCDdabcdehigk**

Elephant **ABghijk**

    a. Son tipos de letras romanas.
    b. Son tipos de letras con serif.
    c. Son tipos de letras sin serif.
    d. Son tipos de letras italianas.

Solucionario Capítulo 2

1. **Señale qué color se obtiene al mezclar cian, magenta y amarillo.**

   Teóricamente, se obtiene el negro, pero no es un verdadero negro (100 %), sino un color marrón oscuro.

2. **En la presente mezcla, indique las combinaciones posibles de dos primarios y los colores resultantes:**

   ▐ Rojo + Azul = Magenta
   ▐ Verde + Azul = Cian.
   ▐ Rojo + Verde = Amarillo.

3. **El espectro de color visible por el ojo humano es aquel cuyas longitudes de onda se encuentran en el intervalo...**

   a. ... 100-400 nm.
   b. ... 0,01-100 nm.
   c. **... 400-700 nm.**
   d. ... 400 nm-1 mm.

4. **Complete la fórmula:**

   $\Delta E^{*}{}_{ab} = [\Delta L_{2} + \Delta a_{2} + \Delta b_{2}]_{1/2}$

5. En la industria gráfica, si aplicando una ecuación CIE Lab sobre una muestra se obtiene un ΔE de 5, esa muestra de color...

    a. ... la ecuación no se usa para comparar, sino para obtener valores numéricos de cada color.
    b. ... se puede imprimir, no hay apenas diferencia de color.
    c. ... es inaceptable, solo se admiten los resultados inferiores a 1.
    d. ... es inaceptable, porque es superior a 3.

6. ¿Cómo se llama el factor influyente en la percepción del color que representa la imagen?

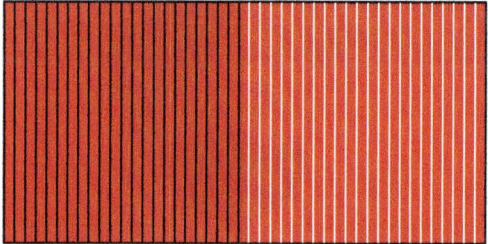

    a. Constancia del color.
    b. Asimilación cromática.
    c. Contraste simultáneo.
    d. Fatiga del color.

7. Los colores RGB y CMY son complementarios. ¿Qué quiere decir en cuanto a sus posibles combinaciones?

Quiere decir que una mezcla de dos colores sustractivos crea un color aditivo, y al revés, la combinación de dos aditivos crea un sustractivo.

8. ¿Qué relación dinámica tienen los colores amarillo y rojo con el espacio que ocupan?

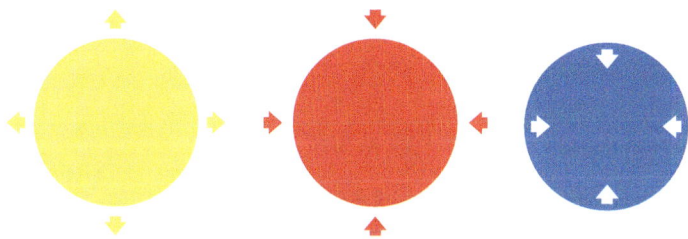

El amarillo tiende a salir de su propio espacio. El rojo es fijo, permanece quieto en su espacio.

9. Sobre el daltonismo, señale si las siguientes afirmaciones son verdaderas o falsas.

a. Las personas que lo tienen confunden el color amarillo con el azul.

☑ **Verdadero**
☐ Falso

b. Es una deficiencia de la percepción del color, llamada colores metaméricos.

☐ Verdadero
☑ **Falso**

c. Se produce en personas que no tienen visión tricromática.

☑ **Verdadero**
☐ Falso

10. Complete la siguiente afirmación:

CIE desarrolló en **1931** un **diagrama** de cromaticidad. Tiene unos valores triestímulos, llamados **X, Y, Z**, y unas **coordenadas** de cromaticidad, llamadas **x, y, z**.

11. En el espacio de color CMYK, un color cualquiera se define por un intervalo...

    a. ... entre cero y 255.
    b. ... entre +120 y -120.
    c. ... entre cero y 100.
    d. ... entre 400 y 700.

12. Relacione cada elemento de la lista numérica con su correspondiente:

    a. a.
    b. L.
    c. b.

    b. Luminosidad.
    a. Gama rojo-verde.
    c. Gama azul-amarillo.

13. Describa, en relación con la luz que refleja un objeto, cuál es negro, blanco y rojo.

Un objeto negro es **el que no refleja ninguno de los colores de la luz blanca que le llega.**

Un objeto blanco es **el que refleja todos los colores de la luz blanca que le llega.**

Un objeto rojo es **el que solo refleja la luz correspondiente al color rojo.**

14. Describa el fenómeno relacionado con la percepción del color que se produce en la imagen:

Este fenómeno se llama contraste simultáneo y se produce debido al área circundante. Un color puede percibirse de forma distinta según el color de lo que le rodea, debido a la anatomía del nervio óptico.

15. ¿Cuántos tipos de observador estándar hay y cómo se llaman?

    a. Tres: X_{10}, Y_{10}, Z_{10}.
    b. Dos: el CIE Lab y el CIE Lch.
    c. **Dos: el observador estándar de 2 grados y el de 10 grados.**
    d. Dos: HSV y HSL.

Solucionario Capítulo 3

1. **La definición de calidad como "la facultad de ofrecer, al mínimo coste posible, productos y servicios que consigan la satisfacción de los clientes, a través del compromiso con la renovación constante y la mejora continua", es obra de...**

   a. ... Armand Feigenbaum.
   b. ... Joseph Juran.
   c. ... Kaoru Ishikawa.
   d. ... **William Ewards Deming**.

2. **La siguiente imagen, ¿qué tipo de herramienta representa?**

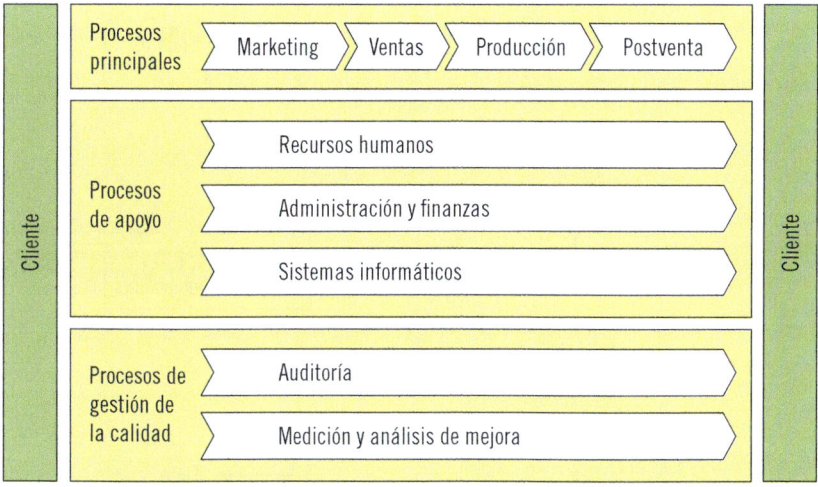

   a. Evaluación 360º.
   b. Manual de procedimientos.
   c. **Mapa de procesos.**
   d. Diagrama causa-efecto.

3. Relacione cada elemento de la lista numérica con su correspondiente frase:

   a. Shigeru Mizuno.
   b. William Edwards Deming.
   c. Kaoru Ishikaka.

   b. Calidad total.
   a. Función de Calidad o QFD.
   c. Diagrama de espina de pescado.

4. Complete las partes del diagrama correspondientes a toma de decisiones:

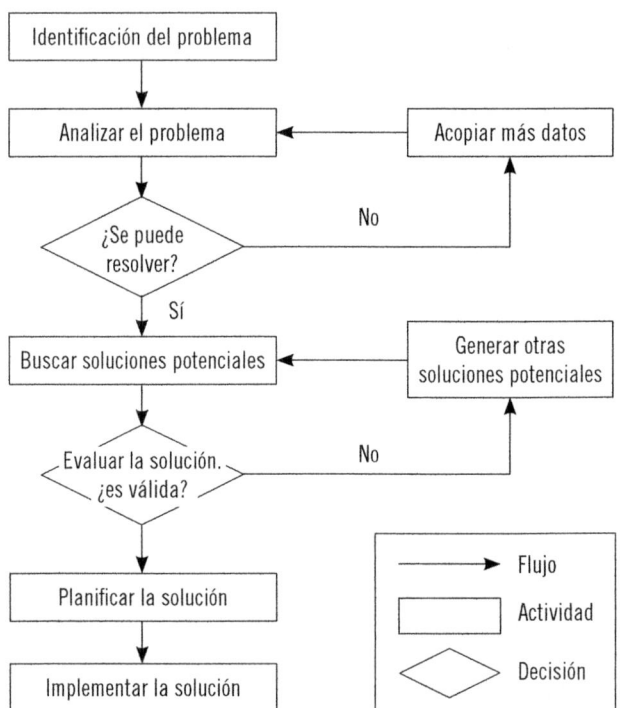

5. De los siguientes elementos, ¿cuál no forma parte del manual de calidad de una organización?

    a. Medición, análisis y mejora.
    b. Gestión de los recursos.
    c. Título.
    d. Función de calidad o QFD.

6. En el siguiente diagrama causa-efecto, identifique los siguientes elementos: cabeza, espina principal, espina, espina menor y columna vertebral.

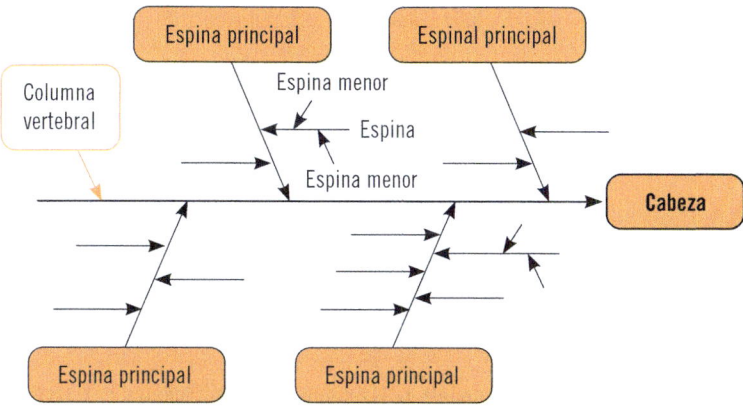

7. Describa al menos tres principios de calidad postulados por Deming.

    ❚ Planificación, producción y servicio están sujetos a la mejora continua. Es un esfuerzo constante.
    ❚ Formar a los trabajadores, para eliminar los errores en los procesos que desempeñan.
    ❚ Implicar a la dirección, para que ejerza un verdadero liderazgo. Así se logra la motivación y el compromiso de los trabajadores, gracias a la percepción de una dirección eficiente y dinámica.

8. ¿Qué fenómeno se produce en la imagen y a qué es debido?

Praesent sit amet eros a massa fermentum posuere. Nullam tristique enim ac felis. Cras quis arcu. Integer nec erat. Etiam nec lorem. In mauris sem, iaculis quis, tincidunt eu, vulputate dapibus, neque. Class aptent taciti sociosqu ad litora torquent per conubia nostra, per inceptos hypmenaeos. Pellentestque ut arcus at pede egestas lobortis. Integer tempus purus eget massa. Vivamus turpis metus, dignissim eget, porttitor in.

Es un fallo de maquetación, se producen ríos o calles. Se deben a la justificación a ambos lados de un texto, que fuerza los espacios entre caracteres de cada línea.

9. Sobre la gestión de color, señale si las siguientes afirmaciones son verdaderas o falsas.

a. El densitómetro no es un instrumento de medición.

☐ Verdadero
☑ **Falso**

b. La reproducción de color puede variar en una misma tirada.

☑ **Verdadero**
☐ Falso

c. No existen normas ISO para las pruebas digitales de color.

☐ Verdadero
☑ **Falso**

10. **Complete la siguiente afirmación:**

Línea **huérfana** es la primera línea de un párrafo que ha quedado colocada como la **última** de la columna. En composiciones a una sola columna es la primera línea de un párrafo situada al **final** de **página**.

11. **Según el diagrama de Pareto...**

    a. ... si se corrige el 80 % de las causas, se corrige a su vez el 20 % de los problemas.

    b. ... si se corrige el 20 % de las causas, se corrige a su vez el 80 % de los problemas.

    c. ... en un eje de coordenadas (horizontal X, vertical Y), se estudia la relación entre dos variables.

    d. Ninguna de las respuestas anteriores es correcta.

12. **Relacione cada elemento de la lista numérica con su correspondiente frase:**

    a. Círculos de calidad.

    b. Análisis DAFO.

    c. Diagrama de correlación.

    c. Herramientas de medición y control.

    b. Herramientas de análisis y resolución de problemas.

    a. Herramientas de grupo y ayuda a la creatividad.

13. **Describa tres características de la documentación que incluye un sistema de gestión de la calidad.**

    ▪ Detalla cómo funciona la organización o empresa.

    ▪ Contiene la información necesaria para los procesos.

    ▪ Contiene la información necesaria para la toma de decisiones.

14. Identifique el fallo de la imagen y las medidas para solucionarlo:

1. LA COMPOSICIÓN

Componer significa combinar caracteres y espacios formando líneas, palabras o páginas, y también ordenar los elementos de una página.

2. LA SANGRÍA

La *sangría* es el blanco con que comienzan una línea o un conjunto de ellas cuyo texto empieza más adentro que las restantes del mismo párrafo.

Normalmente, de 10 a 18 cíceros se pone un cuadratín, de 18 a 22 cíceros un cuadratín medio, a partir de 22 cíceros dos cuadratines.

Cuando en una misma página o composición hay párrafos compuestos con tipos de cuerpo diferente, se debe sangrar todos con el mismo número de puntos para evitar el mal efecto de sangrías de diversos tamaños. Los textos centrados y los de bandera a izquierda o derecha no llevan sangría.

2.2. LAS ARRANCADAS O SANGRADOS

Es componer varias líneas a medida menor que la caja, con objeto de dejar sitio para colocar un inicial, o bien para situar una ilustración.

Puede ser en el margen izquierdo, en el derecho e incluso en el centro.

El fallo es una línea huérfana. Se puede solucionar cambiando el interlineado, el espacio entre caracteres y, como última medida, modificar el texto.

15. Complete la siguiente afirmación:

Si no se está seguro de cómo se verá una imagen, se recomienda **cambiar la resolución** de la misma a mano en *Photoshop* o *Gimp:* en las opciones de **Tamaño de imagen**, pero desactivando las opciones de **Remuestreo de imagen**. De esa forma se verá cómo es la imagen, poniéndola a **300** ppp. Si su tamaño en **centímetros** se reduce considerablemente, no se puede utilizar.

Solucionario Capítulo 4

1. **Describa la diferencia entre espacio de color y perfil de color.**

   El espacio de color es una gama de colores independiente de cualquier dispositivo, mientras que el perfil de color es la gama de colores que tiene un dispositivo, así que es dependiente de este.

2. **En la siguiente imagen, señale en qué partes hay perfiles de color y describa de qué tipo es cada uno.**

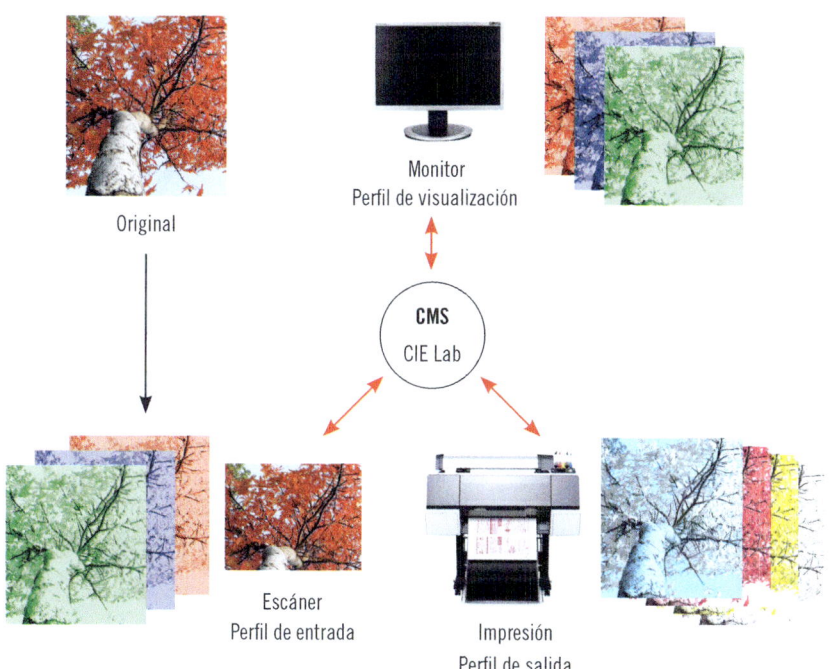

3. **Relacione cada elemento de la lista numérica con su correspondiente frase:**

    a. Escáner.
    b. Gráficos vectoriales.
    c. *ColorHub.*

    c. Calibración.
    b. Procesamiento de saturación.
    a. Perfil de entrada.

4. **¿Cómo se llama la siguiente parte de un CMS?**

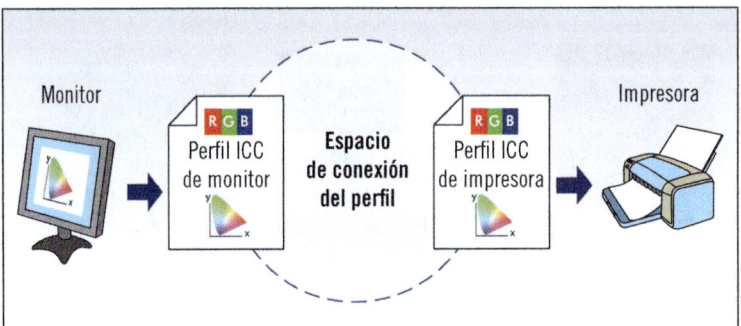

5. **La norma ISO que tiene recomendaciones para pruebas de color en pantalla o *soft-proofing* es:**

    a. ISO 54120.
    b. ISO 12647.
    c. ISO 12646.
    d. ISO 13655.

6. **Explique a qué es debido que aparezca esta ventana al abrir una imagen en un programa de diseño gráfico y qué describe.**

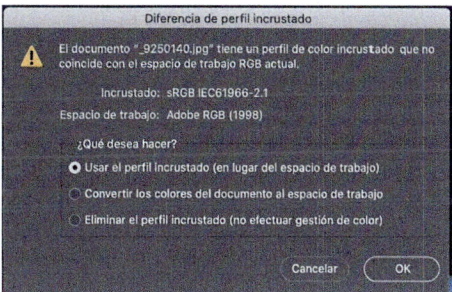

La imagen tiene un perfil de color incrustado, que es distinto del que está activado en el programa. Se pregunta al usuario si desea seguir adelante con el perfil original, convertirlo al perfil predeterminado o eliminar directamente el perfil original.

7. **Cite al menos tres fuentes posibles para obtener imágenes.**

Actualmente, se pueden encontrar imágenes en bancos de pago o gratuitos, a partir de escáneres, cámaras digitales y teléfonos móviles, y también hay gran variedad de monitores donde visualizar y tratar esas imágenes.

8. **El procesamiento de color más adecuado para reproducir colores corporativos es:**

    a. El procesamiento de saturación.
    b. **El colorimétrico absoluto.**
    c. El colorimétrico relativo.
    d. El perceptual.

9. Sobre la gestión de color, señale si las siguientes afirmaciones son verdaderas o falsas.

   a. En calibración y caracterización se parte de valores CIE Lab.

   ☑ **Verdadero**
   ☐ Falso

   b. En programas de diseño bajo *Linux* no es posible hacer gestión de color actualmente.

   ☐ Verdadero
   ☑ **Falso**

   c. La temperatura de color a la que un monitor muestra correctamente un punto blanco es 9500 ºK.

   ☐ Verdadero
   ☑ **Falso**

10. **Complete la siguiente afirmación:**

El **PCS** es un espacio de color **estándar** de **referencia.** Es decir, es independiente del **dispositivo,** ya sea este de **entrada** o de **visualización.** Es una especie de **traductor** universal para convertir los colores de un **perfil de origen** a **un perfil de destino,** partiendo de valores **CIE Lab** o **CIE XYZ,** según fabricante.

11. **En un área de trabajo donde se hace gestión de color se deben usar lámparas de iluminante...**

   a. ... Gamma 2.2.
   b. ... que vienen recomendadas por la ISO 15930.
   c. ... 120 lux.
   d. **... CIE D50.**

12. **Relacione cada elemento de la lista numérica con su correspondiente frase:**

   a. Tabla de color IT8.7.

b. Euroscale Coated.

c. Tintas planas.

b. Perfil CMYK.

a. Caracterización.

c. Pantone.

13. Complete.

El paso siguiente a la calibración es la **caracterización**, que determina el funcionamiento del dispositivo en términos **colorimétricos.** Es decir, su comportamiento y capacidad para **reproducir el color.** La caracterización, igual que la **calibración,** parte de valores **CIE Lab**. Al final de la caracterización se obtiene un **perfil de color.**

14. Sobre la gestión de color, señale si las siguientes afirmaciones son verdaderas o falsas.

a. La iluminación ambiental influye en el trabajo con imágenes.

☑ **Verdadero**
☐ Falso

b. El espectrofotómetro, al tomar la muestra, descompone la luz y la compara con valores CIE Lab.

☐ Verdadero
☑ **Falso**

c. Para hacer una prueba remota hay que calibrar todos los monitores de la misma forma.

☑ **Verdadero**
☐ Falso

15. **La gestión de color ha de integrarse en un flujo de trabajo PDF. ¿Hay algún tipo de archivo PDF especialmente indicado?**

    a. No se hace gestión de color en los archivos PDF.
    b. Cualquier archivo PDF permite gestión de color.
    c. Los archivos PDF/X a partir de la versión X-2.
    d. Los archivos PDF/X a partir de la versión X-3.

Solucionario Capítulo 5

1. **Escriba al menos tres especificaciones que se dan a autores de textos originales.**

   I Formato de DIN-A4.
   I Numeración correcta de hojas y su anotación al margen.
   I Márgenes de página determinados, normalmente amplios.
   I Intelineado, generalmente a doble espacio.
   I Justificación del texto, en bandera a la derecha.
   I Tipo de letra, normalmente Times New Roman a cuerpo 12.
   I Sangría de primer párrafo.
   I Párrafos sin separación, es decir, sin distancia determinada antes o después
      de párrafo.

2. **En el siguiente flujo de trabajo PDF, ¿dónde corresponderían los PDF válidos (PDF** *Ready)* **y los erróneos** *(Failed* **PDF)?**

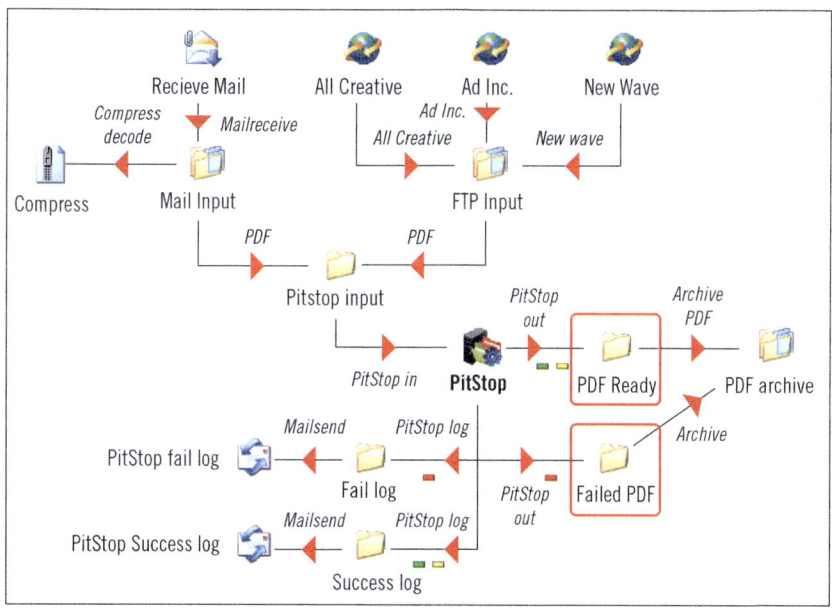

3. Relacione cada elemento de la lista numérica con su correspondiente frase:

- a. *Adobe InDesign.*
- b. Norma UNE 54117:2001.
- c. Lineatura de trama.

- <u>c.</u> Escaneado de imágenes.
- <u>a.</u> Opciones de *preflight.*
- <u>b.</u> Lista de datos.

4. En el siguiente cuadro, ¿en qué unidad de medida se comprueba correctamente el tamaño de una imagen? ¿Cuál debe ser su resolución para un medio impreso?

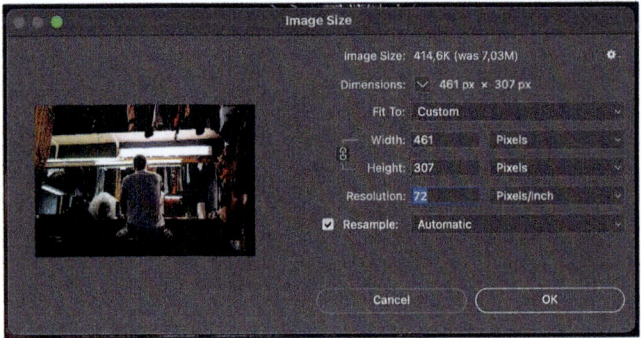

La unidad para el tamaño debe ser el centímetro. En cuanto a la resolución, 300 puntos por pulgada.

5. Explique por qué se recomienda en Photoshop trabajar con capas de ajuste en vez de sobre las capas directamente.

Con esta herramienta no se está alterando el original, aunque se estén visualizando los cambios realizados. Si los cambios no son los deseados, bastará con eliminar la capa o capas de ajuste y el archivo volverá a mostrarse antes de dichos cambios. Además, las capas de ajuste permiten su uso simultáneo con otras herramientas de retoque, como los niveles.

6. **Describa tres parámetros de análisis de preflight en un PDF.**

    ▐ Ausencia de marcas de corte.
    ▐ Imágenes en RGB en vez de CMYK.
    ▐ Errores en tipografías.

7. **En la lista de datos de la norma UNE de originales digitales, ¿cuál de las siguientes comprobaciones corresponde a los materiales entregados por el emisor?**

    a. Resolución de las imágenes de línea en puntos por pulgada.
    b. Resolución de los medios tonos en puntos por pulgada.
    c. Lineatura de trama, indicar frecuencia.
    d. **Ninguna de las respuestas anteriores es correcta.**

8. **¿Cuál de las siguientes frases no es un requisito para tratar imágenes de una cámara digital?**

    a. Elegir siempre el tamaño de imagen más grande en la configuración de la cámara.
    b. **Elegir en la cámara una sensibilidad mayor de 100 ISO.**
    c. Grabar la imagen en formato RAW.
    d. Elegir el perfil Adobe RGB.

9. **Sobre la subida de archivos a la imprenta, señale si las siguientes afirmaciones son verdaderas o falsas:**

    a. El correo electrónico es el medio más generalizado para subir archivos.

        ☐ Verdadero
        ☑ **Falso**

    b. El FTP requiere de un programa específico para acceder a la carpeta para intercambiar archivos.

        ☑ **Verdadero**
        ☐ Falso

c. Es mejor trabajar con un solo archivo de maqueta, especialmente si el proyecto tiene muchas páginas.

    ☐ Verdadero
    ☑ **Falso**

10. Complete la siguiente afirmación:

En los departamentos de **preimpresión** de las imprentas se viene desarrollando una importante labor de **chequeo** de los PDF de los clientes. Se somete a un análisis de dichos archivos, para comprobar su idoneidad para con **la máquina de imprimir.** Es una **lista de comprobación** de requisitos -en inglés, *checklist-* que desarrollan ciertos programas de forma automática, y además permiten **resolver** los posibles **problemas** que hayan detectado.

11. Sobre los originales, ¿cuáles han de ser descartados, salvo excepción?

    a. Los digitales en CD.
    b. Los que incluyan imágenes JPG en vez de TIF.
    c. **Los impresos.**
    d. Los que se reciben por mensajero.

12. Relacione cada elemento de la lista numérica con su correspondiente frase:

    a. PDF/X.
    b. Autor de original.
    c. Imagen escaneada.

    c. 24 bits de profundidad de color.
    b. Especificaciones.
    a. Estandarización.

13. Complete la siguiente afirmación:

Las **ilustraciones, imágenes, gráficos y tablas** deben incluirse en **carpeta aparte** y **anotados** en el texto, para comprobar su correcta **ubicación.**

14. Sobre las recomendaciones para preimpresión, señale si las siguientes afirmaciones son verdaderas o falsas.

    a. No hace falta eliminar los enlaces web contenidos en los PDF.

        ☐ Verdadero
        ☑ **Falso**

    b. El sangrado adecuado es al menos de 2mm.

        ☐ Verdadero
        ☑ **Falso**

    c. Los efectos de las últimas versiones de los programas de maquetación pueden aparecer incorrectamente en impresión.

        ☑ **Verdadero**
        ☐ Falso

15. Cuál de los siguientes apartados no figura entre la lista de datos sobre originales digitales para imprenta según la norma UNE.

    a. Datos del receptor.
    b. Información sobre las imágenes digitales.
    c. Material de entrada.
    d. Información general.

Solucionario Capítulo 6

---

1. **Escriba tres documentos que un productor de residuos ha de suscribir con un gestor autorizado:**

   ▋ Documento de aceptación.
   ▋ Hoja de Control y Recogida.
   ▋ Documento de Control y Seguimiento.

2. **Rellene la información que falta para indicar los pictogramas de residuos peligrosos de la imagen.**

E	F	T
Explosivo	Extremadamente inflamable	Tóxico

3. **Relacione cada elemento de la lista numérica con su correspondiente frase:**

   a. F+.
   b. N.
   c. O.

   b. Peligro para el medio ambiente.
   c. Carburante.
   a. Extremadamente inflamable.

4. **Los trapos de limpieza, ¿por qué suponen un riesgo?**

   Porque contienen restos de tintas, disolventes y alcohol, entre muchas sustancias.

5. **Explique la ventaja ecológica de adquirir sistemas CTP en preimpresión.**

Los sistemas CTP generan la plancha sin tener que utilizar antes un fotolito. Así, se dejan de utilizar las películas y todas las sustancias de revelado de estas.

6. **Escriba tres residuos líquidos de preimpresión.**

- Restos de tintas.
- Soluciones de revelado.
- Baños de limpieza de planchas.

7. **En los vertidos controlados que hace una empresa, ¿qué intervalo debe tener el pH)?**

    a. De 6 a 12.
    b. Menos de 3.
    c. De 7 a 9.
    d. De 6 a 9.

8. **Las obligaciones de orden y limpieza vienen especificadas en...**

    a. ... EMAS.
    b. ... el R. D. 486/1997.
    c. ... Ley 7/2022, de 8 de abril.
    d. ... el R. D. 104/2000.

9. **Sobre la gestión de residuos, señale si las siguientes afirmaciones son verdaderas o falsas.**

    a. Las empresas que generan menos de diez toneladas de residuos al año no necesitan cumplimentar documentación en su relación con el gestor.

        ☐ Verdadero
        ☑ **Falso**

   b. Las planchas flexográficas y las de poliéster son un tipo de residuo no biodegradable.

       ☑ **Verdadero**
       ☐ Falso

   c. Si bien es preciso que el gestor de residuos deba ser autorizado por la administración, el transportista de los mismos no lo necesita.

       ☐ Verdadero
       ☑ **Falso**

10. Complete la siguiente afirmación:

El sobrante de **papel,** así como los embalajes de **cartón,** requieren normalmente gestión a través de empresas **autorizadas** que se dediquen a la **recuperación de papel.** El papel que no se pueda reutilizar tiene que ser tratado por un **gestor,** y no tirarse a la basura. Es el **residuo** de mayor cantidad en la **industria gráfica.**

11. ¿Qué indica la siguiente imagen?

   a. Localización y señalización de zona de retirada de residuos.
   b. Zona designada para almacenar residuos.
   c. Riesgo de vertido de residuos.
   d. Localización y señalización de zona peligrosa.

12. Relacione cada elemento de la lista numérica con su expresión correspondiente:

   a. RTP.
   b. Tintas.
   c. EMAS.

   b. COV.
   a. Lejías.
   c. Ecogestión.

13. Complete la siguiente afirmación.

Cada vez son más las empresas de **preimpresión** que emplean planchas de **poliéster,** dada su gran **resistencia** mecánica y **térmica,** así como su considerable **flexibilidad.** No es **biodegradable,** pero no supone residuo **peligroso.** Su **tratamiento** debe realizarse a través de un gestor **autorizado.**

14. Sobre los residuos, señale si las siguientes afirmaciones son verdaderas o falsas.

a. Los envases de tintas, una vez usados, todavía contienen restos de sustancias que deben ser gestionadas.

☑ **Verdadero**
☐ Falso

b. Los tubos de luz fluorescente que se han gastado pueden tirarse a la basura como un desperdicio más.

☐ Verdadero
☑ **Falso**

c. Los envases para depositar los residuos los proporciona el gestor autorizado.

☑ **Verdadero**
☐ Falso

15. Escriba al menos tres ventajas que aparecen al aplicar medidas de orden y limpieza en el trabajo.

▎ Al reducir e incluso, en algunos casos, eliminar los residuos, se genera un aumento de la producción. Una gestión ordenada de los recursos facilita optimizar las tareas y mejorar los resultados de esa inversión en recursos.

▎ El orden facilita una mejor localización y gestión de los recursos almacenados. Por ejemplo en el caso de las materias primas.

▎ Hay una ventaja consecuencia de la anterior, y se refiere a la búsqueda de materiales relacionados con cualquier tarea. El orden tiene como consecuencia directa la mejor administración del espacio de trabajo, que se traduce en menos tiempo para localizar un elemento.

- El desarrollo de medidas de orden y limpieza también se ve reflejado en el sistema de gestión de calidad implementado en la organización, y es una parte más de las aspiraciones de mejora continua y control de los procesos.
- La limpieza en el espacio de trabajo favorece la circulación de personas y maquinaria sin nada que obstaculice su paso, por ejemplo basura y desperdicios.
- Como consecuencia de lo anterior, se reduce el número de accidentes de trabajo. También la limpieza y el orden contribuyen a la reducción de riesgo de incendios.
- Un entorno de trabajo limpio y ordenado optimiza las tareas de mantenimiento, al garantizarse un acceso rápido y sin obstáculos a los equipos.
- Un ambiente de trabajo aseado y ordenado mejora el rendimiento de los implicados en los procesos, y por ello genera un clima más grato. El respeto de todos los empleados -y de la dirección- hacia estas normas, tal y como harían en sus hogares, es un síntoma muy positivo de su compromiso con los objetivos de la organización. La vigilancia de normas de aseo y orden forma parte de la cualificación y del rendimiento de cada uno de los trabajadores, y el mantenimiento de dichas medidas en el entorno de trabajo es un factor atractivo más para aspirantes de alto perfil.

Especificaciones de calidad de la materia prima

Solucionario Capítulo 1

1. **¿Qué son los soportes compuestos?**

   Los soportes compuestos son aquellos que mezclan diferentes materiales tanto papeleros como no papeleros.

2. **Realice un resumen de la historia de la impresión.**

   El papel ha sido un elemento crucial en la divulgación del conocimiento y la cultura a lo largo de la historia. Su fabricación e impresión se remontan a tiempos antiguos. China fue la pionera en su producción a gran escala en el siglo II d. C. Con el tiempo, la fabricación del papel se extendió a otras partes del mundo como Japón, Oriente Medio, India y Europa. La invención de la imprenta por Johannes Gutenberg en 1440 marcó un hito en la historia de la impresión, ya que el papel era más ligero, económico y fácil de producir.

   La Revolución Industrial del siglo XIX impulsó aún más la producción de papel con la creación de las primeras máquinas de fabricación de papel continuo, lo que permitió la impresión en masa de periódicos y novelas. Hoy en día, la digitalización ha optimizado los procesos de fabricación del papel y de impresión, y ha expandido una gran variedad de formatos y aplicaciones.

3. **En la fabricación del papel, ¿por qué es importante el proceso de secado del papel? ¿Qué papel juegan los rodillos en el proceso de fabricación del papel?**

   El proceso de secado del papel es importante porque elimina el exceso de humedad y permite que el papel adquiera la textura y densidad adecuadas. Además, el secado asegura que el papel esté listo para ser enrollado y procesado en las etapas posteriores de producción.

   Los rodillos en el proceso de fabricación del papel cumplen varias funciones: durante el prensado, ayudan a eliminar el exceso de agua de la hoja de papel y a aumentar su densidad; en el acabado, mejoran la calidad de la materia prima y le proporcionan sus características finales requeridas para el producto en cuestión.

4. ¿Cuál de los siguientes papeles se utiliza principalmente en la impresión de documentos comerciales, facturas o cartas?

    a. Papel estucado
    b. Papel *bond*
    c. Papel reciclado
    d. Papel *offset*

5. **¿Qué es la sublimación?**

La sublimación es un proceso de impresión en el que la tinta se convierte en gas y se fusiona con las fibras del tejido.

6. Relacione los formatos de papel pertenecientes a la serie A con sus usos:

    a. Impresión de documentos estándar como cartas, cuadernos, libros o revistas.
    b. Impresión de tiques, vales o sellos.
    c. Impresión de calendarios de bolsillo, folletos o tarjetas de felicitación.
    d. Impresión de materiales publicitarios como carteles, pósteres y cartografías.
    e. Impresión de pósteres, fotografías, revistas, partituras, diplomas o folletos.

    d. A1
    e. A3
    a. A4
    c. A7
    b. A10

7. Determine si la siguientes oraciones son verdaderas o falsas:

    a. La dureza del papel se refiere a su resistencia a ser perforado, rasgado o desgarrado por presión exterior.

        ☑ **Verdadero**
        ☐ Falso

b. La rugosidad del papel afecta únicamente a la calidad de la impresión y no a la textura del papel.

☐ Verdadero
☑ **Falso**

c. El gramaje del papel se refiere al grosor del soporte y su relación con la resistencia y durabilidad.

☑ **Verdadero**
☐ Falso

d. El método más común para medir la humedad del papel es el del termómetro.

☐ Verdadero
☑ **Falso**

e. Los pigmentos son sustancias que proporcionan color a los soportes de papel. Pueden ser de origen natural o sintético.

☑ **Verdadero**
☐ Falso

f. En la impresión digital, la coloración se realiza mediante cilindros que transfieren la tinta desde una plancha de metal al sustrato.

☐ Verdadero
☑ **Falso**

8. **¿Qué instrumento de medición debería usar si quiero identificar problemas como la formación de grumos?**

Debería usar el microscopio.

9. **Relacione cada evento histórico relacionado con la evolución de las tintas en impresión con la fecha aproximada en la que ocurrió.**

a. Siglo XV
b. Siglo XIX-XX
c. Siglo XI-XIII

    d. Siglo XX

    e. 400 a. C.

    f. Siglo XV

e. Uso de tintas compuestas de materiales naturales en Egipto, Babilonia y China.

c. Popularización de tintas con pigmentos vegetales en Europa durante la Edad Media.

b. Desarrollo de nuevas fórmulas químicas de tintas.

d. Llegada de la tecnología digital y desarrollo de tintas específicas para impresión digital.

f. Invención de la imprenta por J. Gutenberg.

10. **¿Cuál de las siguientes afirmaciones describe correctamente las características de las tintas para *offset*?**

    a. Son tintas a base de agua, se secan rápidamente y se utilizan principalmente para la impresión de detalles finos.

    b. Son tintas de base oleosa que contienen pigmentos, aceites y solventes, poseen durabilidad y consistencia de color, y se pueden usar en una variedad de sustratos como papel, cartón y metal.

    c. Son tintas que secan inmediatamente cuando se exponen a la luz ultravioleta, pero son menos resistentes a la luz, la abrasión y los productos químicos.

    d. Son tintas que se componen principalmente de pigmentos y solventes, y se utilizan específicamente para la impresión de textos.

11. **Clasifique las tintas según si se está hablando del modo de impresión o de su composición: tintas para *offset*, tintas ultravioleta, tintas de sublimación, tintas para flexografía, tintas a base de solventes, tintas a base de agua, tintas para serigrafía, tintas a base de látex, tintas para huecograbado, tintas sólidas.**

Por modo de impresión	Por composición
- Tintas para *offset*	- Tintas a base agua
- Tintas para flexografía	- Tintas a base de solventes
- Tintas para huecograbado	- Tintas de látex
- Tintas para serigrafía	- Tintas de sublimación
- Tintas ultravioleta	- Tintas sólidas

12. ¿Qué elementos condicionan la composición de las tintas?

- Sistema de impresión
- Modo de impresión
- Tipo de máquina de impresión
- Soporte de impresión
- Requisitos estáticos

13. Complete las siguientes oraciones.

a. La **rigidez** es la capacidad de la tinta para mantener su forma y resistir la flexión o deformación al aplicarla al sustrato.
b. La **formulación** de la tinta, que incluye los tipos y la concentración de los pigmentos y **aditivos**. Algunas resinas pueden proporcionar **mayor** rigidez.
c. La viscosidad de la tinta. Una tinta más **viscosa** será más rígida y al contrario.

14. ¿Qué significan las siglas Lab?

a. **Luminosidad, tono y saturación.**
b. Luminosidad, transparencia y color.
c. Transparencia, reflectancia y saturación.
d. Color, tono y saturación.

15. ¿Qué instrumento se utiliza para medir con precisión la masa de los componentes de la tinta, como pigmentos y aglutinantes?

Ese instrumento es la balanza.

Solucionario Capítulo 2

1. Indique si la siguiente oración es verdadera o falsa: "El barnizado en las artes gráficas no ofrece ningún beneficio adicional más allá de la protección contra daños físicos". Justifique su respuesta.

       ☐ Verdadero
       ☑ **Falso**

El barnizado en las artes gráficas no solo proporciona protección contra daños físicos, sino que también puede ofrecer una mejora estética y realzar los colores del producto impreso.

2. ¿Cuál de los siguientes NO es un beneficio del barnizado en la impresión?

    a. Protege contra daños físicos y humedad.
    b. Mejora de la durabilidad y longevidad de los soportes.
    c. **Reduce de la calidad del producto impreso.**
    d. Aporta un acabado estético.

3. ¿Qué tipo de resina se usa comúnmente en la composición de barnices para impresión?

Son las acrílicas.

4. Explique brevemente por qué se prefieren los barnices ecológicos en algunos proyectos de impresión.

Los barnices ecológicos se prefieren en algunos proyectos de impresión debido a su menor impacto en el medio ambiente y la salud humana. Estos barnices están hechos con materias primas de origen vegetal y no contienen compuestos orgánicos volátiles.

5. **Indique si la siguiente oración es verdadera o falsa: "Los barnices convencionales nunca contienen compuestos orgánicos volátiles, debido a su impacto en el medio ambiente y la salud humana". Justifique su respuesta.**

☐ Verdadero
☑ **Falso**

Aunque algunos barnices convencionales pueden contener compuestos orgánicos volátiles, hay una tendencia creciente hacia barnices ecológicos que están hechos con materiales de origen vegetal y son más amigables con el medio ambiente.

6. **Complete las siguientes oraciones:**

a. El barniz que proporciona un acabado opaco y sin brillo a la superficie sobre la que se aplica se llama **barniz mate.**
b. El barniz que se aplica sobre superficies de madera, obras de arte y manualidades, y proporciona un acabado entre el brillante y el mate se llama **satinado.**

7. **Relacione los tipos de barniz con su descripción correspondiente:**

a. **Barniz neutro**
b. **Barniz brillante**
c. **Barniz mate**

c. Proporciona un acabado opaco y sin brillo
b. Proporciona un acabado lustroso a la superficie.
a. Proporciona una capa protectora sin alterar significativamente el color o la apariencia.

8. **Defina el término barniz UV.**

Es un tipo de barniz que se seca mediante la exposición a la luz ultravioleta. Es rápido y efectivo, y proporciona durabilidad y resistencia a las abrasiones, la humedad y la decoloración.

9. **Seleccione cómo afecta la composición del barniz en la resistencia al roce.**

   a. Determina la durabilidad y resistencia a la abrasión.
   b. Varía la resistencia al roce según el tipo de barniz utilizado.
   c. Afecta a la apariencia del acabado final.
   d. Garantiza que las propiedades del barniz sean las requeridas.

10. **¿Qué característica del cubrimiento garantiza que no se creen marcas, rayas o burbujas?**

    Esa característica es la consistencia.

11. **Defina el término *prueba de abrasión Taber* en el contexto de las pruebas de resistencia al roce de los barnices.**

    La prueba de abrasión Taber es un método que utiliza una máquina Taber para simular el desgaste por abrasión sobre una muestra recubierta con barniz. Evalúa la resistencia al roce y la durabilidad de ese barniz.

12. **¿Cuál cree que es más importante para la calidad del barniz, resistencia al roce o cubrimiento? Justifique su respuesta.**

    Ambas características son importantes para la calidad del barniz. La resistencia al roce garantiza la durabilidad y protección del producto impreso, mientras que el cubrimiento asegura una capa protectora uniforme y completa sobre la superficie.

13. **Describa un proceso de prueba que podrías realizar para evaluar la resistencia al roce de un barniz.**

    Un proceso de prueba de resistencia al roce podría incluir la realización de una prueba de frote húmedo y seco, que consiste en frotar la superficie del barniz con un trapo húmedo y seco para simular el desgaste normal y evaluar su resistencia.

14. Determine si las siguientes oraciones son verdaderas o falsas:

a. El barniz brillante resalta más las imperfecciones que el barniz mate.

☑ **Verdadero**
☐ Falso

b. La prueba de lápiz se utiliza para evaluar la resistencia al roce de los barnices.

☑ **Verdadero**
☐ Falso

c. La laminación consiste en la aplicación de una capa de pintura sobre la superficie de un soporte impreso.

☐ Verdadero
☑ **Falso**

15. ¿Qué tipo de barniz recomendaría para un folleto expuesto a condiciones climáticas adversas y por qué?

Recomendaría un barniz UV, ya que ofrece alta resistencia al roce, a la humedad y a la decoloración causada por la exposición al sol. Además, se seca rápidamente y proporciona un acabado duradero, ideal para condiciones adversas.

Solucionario Capítulo 3

1. **¿Qué es la encuadernación y por qué es importante en el proceso de impresión de libros?**

   La encuadernación es el proceso por el cual se unen y organizan las hojas impresas para formar un libro listo para su uso. Es importante porque contribuye a la durabilidad, presentación y funcionalidad del producto final.

2. **Una cada técnica de encuadernación con su descripción correspondiente.**

   a. **Encuadernación con cola o encolada**
   b. **Encuadernación fresada o americana**
   c. **Encuadernación en espiral**

   <u>**a.**</u> Implica el fresado o recorte del lomo del bloque de papel y la aplicación de adhesivo caliente para unir las páginas al mismo tiempo que se adhieren a la cubierta, que debe ser flexible.
   <u>**c.**</u> Las páginas de un documento se unen usando un espiral metálico o de plástico al que comúnmente se le llama canutillo, pieza que se inserta en los agujeros perforados de las páginas y luego se enrosca para cerrarlo.
   <u>**b.**</u> Las páginas de un libro se unen mediante un adhesivo o cola aplicado al borde de estas, lo que crea una unión entre las páginas, un bloque compacto que sería el libro.

3. **Elija la opción correcta:**

   ¿Qué técnica de encuadernación se usa principalmente en revistas o folletos, especialmente en documentos con un número bajo de páginas y una vida útil corta?

   a. Encuadernación con cola o encolada
   b. **Encuadernación en espiral**
   c. Encuadernación fresada o americana

¿Qué técnica de encuadernación es conocida por su elegante estética y se caracteriza por la costura, realizada a mano?

    d. Encuadernación japonesa
    e. Encuadernación en espiral
    f. Encuadernación con tornillos

4. **Complete la siguiente oración:**

La encuadernación en tapa dura implica la creación de una cubierta rígida para los libros usando **cartón** u otro material similar.

5. **¿Cuál es un método de encuadernación originado en Egipto?**

Se trata de la encuadernación copta.

6. **¿Cuál es el principal componente de la cola blanca utilizada en encuadernación?**

    a. La acetona
    b. El acetato de polivinilo (PVA)
    c. El cloruro de polivinilo (PVC)
    d. El polietileno

7. **Indique si la siguiente oración es verdadera o falsa: "La cola de pescado es un adhesivo natural comúnmente usado en encuadernación".**

    ☑ **Verdadero**
    ☐ Falso

8. **¿Qué es el estucado en el proceso de forrado de libros?**

El estucado consiste en la aplicación de una capa de un material llamado estuco sobre un papel o cartón para mejorar su apariencia y durabilidad.

9. ¿Cuándo se inventó la cola PUR?

Se inventó en los años 30 del siglo XX.

10. ¿Cuál es uno de los materiales más utilizados en la encuadernación de tapa blanda?

    a. El cartón de pasta dura
    b. El cartón pluma
    c. El cartón de *chipboard*
    d. El cartón contracolado

11. ¿Qué material se usa para la encuadernación textil?

    a. La lona
    b. El cartón pluma
    c. La polipiel
    d. El cartón de pasta dura

12. Indique si la siguiente oración es verdadera o falsa: "Las telas de lino son muy delicadas y no resistentes al desgaste".

    ☐ Verdadero
    ☑ **Falso**

13. Durante el siglo XIX, ¿qué tipo de piel se usaba comúnmente para encuadernar enciclopedias?

Se utilizaba el cuero de ternera.

14. ¿Qué ventajas tiene la cola PUR sobre otros adhesivos?

Las ventajas de la cola PUR sobre otros adhesivos incluyen su resistencia al agua, su capacidad de unión en una amplia gama de materiales y su resistencia a altas temperaturas. Además, su tiempo de secado es más rápido que el de otros adhesivos, lo que permite una mayor eficiencia en la producción.

15. ¿Cuál es la principal diferencia entre las pieles sintéticas y las pieles naturales?

La diferencia principal entre las pieles sintéticas y las pieles naturales es su origen. Las pieles sintéticas están hechas de materiales como el poliuretano y el PVC, mientras que las pieles naturales provienen de animales.

Solucionario Capítulo 4

1. ¿Cuál de los siguientes no es un método de selección de muestras?

    a. Muestreo aleatorio
    b. Muestreo estratégico
    c. Muestreo sistemático
    d. Muestreo por conglomerado

2. **Complete la siguiente oración:**

La **curva de aceptación** es la representación gráfica que muestra cómo varía la posibilidad de aceptación en función del tamaño de la muestra y del nivel de calidad aceptable.

3. **Defina muestreo aleatorio.**

El muestreo aleatorio es un método en el que cada unidad de producto tiene la misma probabilidad de ser seleccionada para formar parte de la muestra.

4. **Una cada método de selección de muestras con su descripción correspondiente:**

    a. Muestreo aleatorio
    b. Muestreo estratificado
    c. Muestreo por conglomerado
    d. Muestreo sistemático

    b. Divide las materias primas por lotes homogéneos y selecciona una muestra de cada lote.
    d. Se elige aleatoriamente un elemento inicial y luego se seleccionan los elementos restantes a intervalos regulares.
    a. Cada unidad de producto tiene la misma probabilidad de ser seleccionada para formar parte de la muestra.
    c. Las materias primas se dividen en lotes o conglomerados y luego se seleccionan algunos de estos para formar la muestra.

5. **¿Cuál de los siguientes no es un factor que puede causar desviaciones en una empresa de producción gráfica?**

   a. Problemas en los procesos de producción
   b. **Estrategias de *marketing* ineficaces**
   c. Cambios en los requisitos del cliente
   d. Factores externos como desastres naturales

6. **¿Qué es la desviación presupuestaria?**

   La desviación presupuestaria es la diferencia entre los costes reales y los costes presupuestados para un proyecto.

7. **¿Qué son los costes indirectos en una empresa de producción gráfica?**

   Los costes indirectos son aquellos costes que no pueden atribuirse directamente a la producción de un servicio específico, sino que están relacionados con la operatividad general de la empresa.

8. **Describa tres posibles causas de desviaciones en los costes de producción en una empresa de producción gráfica y cómo podrían afectar a la calidad del producto final.**

   Posibles causas de desviaciones en los costes de producción podrían incluir fluctuaciones en los precios de las materias primas, errores en la estimación de presupuestos y falta de eficiencia en los procesos de producción. Por ejemplo, si hay un aumento inesperado en el coste del papel utilizado para imprimir, esto podría llevar a desviaciones en los costes de producción. Estas desviaciones podrían afectar a la calidad del producto final, al forzar a la empresa a utilizar materiales de menor calidad para mantener los costes dentro del presupuesto, lo que podría resultar en productos impresos de calidad inferior.

9. **Indique si las siguientes oraciones son verdaderas o falsas:**

   a. El histórico de proveedores es un conjunto de registros sobre las operaciones realizadas con los clientes de una empresa.

      ☐ Verdadero
      ☑ **Falso**

b. La homologación de proveedores se realiza después de cerrar el contrato final con el proveedor.

☑ **Verdadero**
☐ Falso

c. Los costes indirectos son un factor evaluado en la calidad del servicio ofrecido por los proveedores.

☐ Verdadero
☑ **Falso**

10. Complete la siguiente oración:

El **histórico de proveedores** es un conjunto de registros de una empresa sobre las operaciones o transacciones realizadas y las relaciones comerciales con sus proveedores.

11. ¿Con qué concepto se relaciona la siguiente definición: "Evaluación de los proveedores potenciales para garantizar que cumplen con los requisitos de la empresa antes de cerrar un contrato con ellos"?

Es la definición de homologación de proveedores.

12. ¿Por qué es importante llevar un registro organizado del histórico de proveedores en una empresa?

Es importante llevar un registro organizado del histórico de proveedores en una empresa porque proporciona una visión detallada de las relaciones comerciales pasadas y actuales con los proveedores. Esto permite a la empresa evaluar la calidad del servicio ofrecido, identificar proveedores fiables y tomar decisiones sobre futuras contrataciones. Además, ayuda a mantener un registro de las transacciones realizadas, lo que facilita la contabilidad y la gestión financiera.

13. **¿Cuáles son algunas de las posibles consecuencias de la falta de calidad en los productos o servicios de una empresa?**

Algunas posibles consecuencias de la falta de calidad incluyen la pérdida de la confianza del cliente, una mala reputación para la empresa, dificultades para retener clientes y captar nuevos, aumento de los costes de producción o reducción de la rentabilidad a largo plazo.

14. **Describa al menos tres tipos de control de calidad que se pueden llevar a cabo en una empresa y proporciona un ejemplo de situación en la que cada tipo de control sería aplicable.**

I Control de calidad en el punto de inspección o CQPI: durante la encuadernación, y una vez estén las páginas cortadas y agrupadas, se revisarían los pliegos antes de encuadernarlos.

I Control de calidad estadístico o CQE: en una imprenta se tomaría una muestra de lote de folletos y se evaluaría la variabilidad de la calidad dentro del nivel de calidad aceptable.

I Control de calidad por inspección o CQI: al imprimir unos carteles se realizaría una inspección visual para detectar cualquier defecto físico como colores incorrectos o márgenes mal alineados.

I Control de calidad por pruebas o CQP: se realizaría pruebas de resistencia a las tapas de los libros que se han encuadernado, usando diferentes instrumentos que simulen el desgaste por uso.

I Control de calidad por evaluación del cliente o CQC: se entregarían folletos promocionales a los clientes y se harían encuestas de satisfacción para identificar áreas de mejora para futuras impresiones.

I Control de calidad durante el proceso (CQP): se llevaría a cabo durante la fabricación de un libro para garantizar que cada componente cumpla con las especificaciones antes de ensamblarlo.

I Control de calidad en línea (CQOL): se utilizaría en una imprenta para monitorear la temperatura y la humedad durante la manipulación y aplicación de las tintas.

I Control de calidad final (CQF): se realizaría en una imprenta en la encuadernación para inspeccionar los acabados antes de empaquetar el producto y enviarlo al cliente.

15. ¿Por qué es importante implementar un plan de control de calidad en una empresa y cómo se relaciona este plan con un sistema de gestión de calidad?

Es importante implementar un plan de control de calidad para garantizar que los productos o servicios cumplan con los estándares de calidad establecidos y para reducir las posibles desviaciones de la falta de calidad. Este plan se relaciona estrechamente con un sistema de gestión de calidad, ya que el plan establece los procedimientos y actividades específicas para garantizar la calidad, mientras que el sistema de gestión de calidad adopta un enfoque más amplio para gestionar y mejorar la calidad en toda la empresa. El sistema se basa en estándares como ISO 9000 y se utiliza para implementar los parámetros definidos en el plan de control, como roles, documentación de procesos y acciones correctivas y preventivas.

Solucionario 5

Especificaciones de calidad en impresión, encuadernación y acabados

Solucionario Capítulo 1

1. **¿Es importante revisar un trabajo antes de enviarlo a imprenta? Cite algunas de las comprobaciones que llevaría a cabo antes de imprimir un gran proyecto.**

Sí, es muy importante revisar y realizar todo tipo de pruebas en un trabajo antes de enviarlo a imprenta. Hay que comprobar la colocación de los textos, imágenes, logos e ilustraciones; revisar la ortografía, la colocación de párrafos, formato, saltos de línea, sangres, etc. Todo para garantizar una buena calidad y acabado en el producto final impreso.

2. **En la actualidad, ¿cuáles son las pruebas de impresión más económicas, más rápidas y más extendidas en su uso?**

Las pruebas más económicas, rápidas y extendidas hoy día son las pruebas remotas, que mediante el envío de un pdf por correo electrónico al cliente, permiten comprobar el archivo enviado electrónicamente en un monitor calibrado con el monitor de la imprenta que imita los valores cromáticos que se pueden conseguir y anotar las correcciones necesarias.

3. **Relacione estos conceptos:**

   a. Imposición
   b. Fenómeno del metamerismo
   c. Perfiles ICC
   d. Preimpresión

   d. Fase de trabajo y tecnología necesaria para generar archivos digitales optimizados para impresión.
   c. Conjunto de datos que caracteriza a un dispositivo de entrada o de salida de color o espacio de color; según los estándares promulgados por el Consorcio Internacional del Color como SWOP o ISO.
   b. El ojo humano, dependiendo de las condiciones de iluminación, percibe el color de una misma imagen de manera diferente.
   a. Consiste en el correcto posicionamiento de las páginas en las planchas para que cuando se impriman se reproduzcan en el orden y posicionamiento adecuados.

4. Señale si las siguientes afirmaciones son verdaderas o falsas:

   a. Las pruebas en pantalla permiten comprobar la colocación de los textos, imágenes, logos, ilustraciones, revisar la ortografía, colocación de párrafos, formato, saltos de línea, sangres, etc.

   ☑ **Verdadero**
   ☐ Falso

   b. Para realizar pruebas en pantalla no es necesario tener calibrado el monitor.

   ☐ Verdadero
   ☑ **Falso**

   c. La prueba de color se usa como guía en relación producto final/expectativas del cliente.

   ☑ **Verdadero**
   ☐ Falso

   d. Para las pruebas de color no hace falta que haya unas condiciones de iluminación correctas.

   ☐ Verdadero
   ☑ **Falso**

   e. Con la imposición se puede planificar la maquetación de las páginas en función de las tintas:

   ☑ **Verdadero**
   ☐ Falso

5. **¿De qué se compone una tira de control? ¿Con qué aparato se interpretan los valores?**

   Una tira de control se compone de:

   - Una muestra de los valores CMYK en masa
   - Muestra de doblamiento y deslizamiento
   - Muestra de sobreimpresión de 2 y 3 colores (para poder medir el equilibrio de grises)

❚ Muestra de diferente valor tonal
❚ En ocasiones, códigos de barras o QR, con información adicional.

Los valores obtenidos en la tira de control se miden bajo una fuente de luz adecuada y con un densitómetro calibrado.

6. **Explique qué es la colorimetría y enumere algunos espacios de color y sus autores.**

Es la ciencia que se encarga de medir los colores dándole unos valores.

Como autores se encuentran:

❚ HICKETHIER; superpuso diez cartas cromáticas formando un cubo, con una gradación del 10 %.
❚ A.H. MUNSELL; que definió los colores a partir de sus tres principales atributos: tono, saturación y luminosidad.
❚ Modelos CIE, Comisión Internacional de Iluminación, basándose en los valores triestímulos (claridad, cromaticidad, luminosidad).
❚ Modelo Lab, en el que los colores se acercan más a los que percibe el ojo.

7. **Resuma brevemente los parámetros básicos de calidad de una imagen para enviarla a imprenta y otra para web.**

Debe comprobarse que la imagen no esté dañada o limitada y verificar su procedencia. Comprobar colores y matices y guardarla en RGB. Una vez se haya terminado de trabajar con ella, se pasará a CMYK (para imprenta), con una resolución de 300 ppp.

Si la imagen fuese para web, bastaría una resolución de 72 ppp y en modo RGB para verlo en pantalla.

8. Sopa de letras. Busque los diferentes tipos de archivos de imagen.

B	M	O	V	E	K	G	I	F
T	A	E	R	L	U	S	M	D
A	Y	P	I	G	T	E	H	P
F	U	S	S	Y	J	D	R	I
D	H	P	E	D	M	W	Q	Y
C	N	B	F	P	N	G	J	T
S	W	N	G	Y	N	S	P	A
X	Ñ	T	I	F	F	Q	G	E
I	Z	M	U	M	C	R	F	U

9. ¿Qué se conoce como ganancia de punto y cuántos tipos existen?

Ganancia de punto es el engrosamiento de los puntos de la trama de los semitonos que se producen durante el proceso de impresión. Si los puntos engrosaran setendría como resultado una imagen impresa oscura. Para evitarla, debe controlarse el papel y el proceso de impresión. Esto puede ocurrir por una mala calibración de la máquina de imprimir, o por un exceso de tinta o de agua.

Pueden encontrarse dos tipos de ganancia de punto:

▍ Ganancia mecánica: la producen las máquinas de imprimir al pasar los rodillos entintados sobre el papel (aplastamiento).
▍ Ganancia óptica: intervienen dos factores, el grosor de la capa de tinta impresa y la transparencia del papel.

10. Enumere los componentes de una tinta.

Una tinta puede estar compuesta por polímeros o resinas, disolventes o líquidos, pigmentos y aditivos.

11. Explique brevemente los espacios de color RGB y CMYK.

El espacio RGB está formado por los colores "aditivos" primarios: *red, blue and green.* Al juntarse todos esos colores se forma la luz blanca.

Si estos colores se superponen dan lugar a los colores primarios "sustractivos".

Como resultado de la suma del rojo y el azul se obtiene el color magenta; el rojo y el verde dan como resultado el amarillo y el verde más el azul daría el cian.

Al sumar el cian, el amarillo y el magenta se obtendría un marrón muy sucio al que se le añadiría negro para obtener un negro puro.

12. ¿Qué es una trama? ¿Cuántos tipos de tramas pueden encontrarse? Haga un breve resumen.

Una trama es una transición tonal de matices de color que engaña al ojo, haciéndole creer que ve tonos continuos. Pueden encontrarse dos tipos de tramas: la trama de semitonos tradicional o tramas ordenadas o de amplitud modulada (AM), que consigue tal efecto variando el tamaño de los puntos (pueden ser redondos, cuadrados u ovalados) y la trama estocástica o de frecuencia modulada (FM) en la que no varía el tamaño de los puntos, pero sí la distancia que hay entre ellos.

A veces se combinan ambas tramas, dando lugar a tramas híbridas en las que se combinan las ventajas de ambas.

13. Dibuje un breve esquema de la colocación en grados de las tintas CMYK en *offset.*

El dibujo tendría que ser algo así: (pero con la colocación abajo descrita).

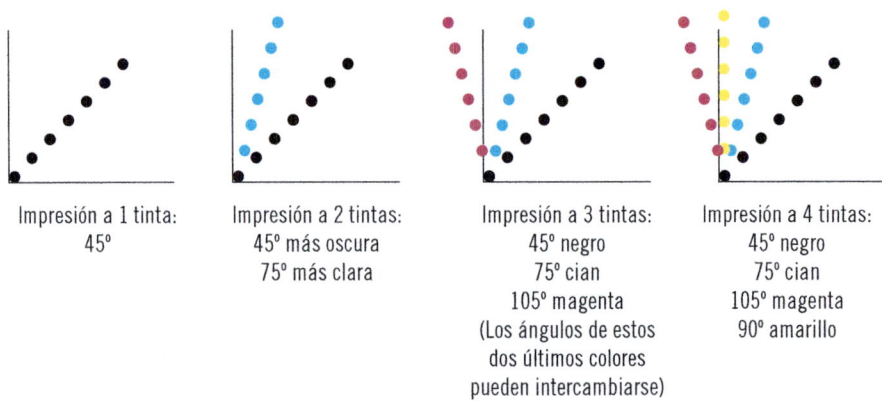

Impresión a 1 tinta:	Impresión a 2 tintas:	Impresión a 3 tintas:	Impresión a 4 tintas:
45º	45º más oscura	45º negro	45º negro
	75º más clara	75º cian	75º cian
		105º magenta	105º magenta
		(Los ángulos de estos	90º amarillo
		dos últimos colores	
		pueden intercambiarse)	

El ángulo que menos impacto tiene en el cerebro es el de 45º, por lo que ahí se colocará la tinta negra. A ambos lados se colocará el cian (15º) y el magenta (75º); el amarillo a 0º.

14. Haga un resumen de la historia del papel.

En el año 3000 año a. C. en Egipto comenzaron a utilizarse lo papiros, los cuales eran extraídos de la misma planta. Sin embargo, en Europa se escribía sobre pergamino o vitela obtenidos del tratamiento de pieles de becerros u ovejas. En China se hacía uso del bambú o la tela. Pero todo ello tenía un coste elevado y frenaba el uso de las comunicaciones. Después, en China se fabricaba papel a partir de trapos, pero aun así era muy costoso.

Es en el siglo XIX cuando los hermanos Fourdrinier desarrollan una máquina de fabricación de papel basada en el uso del vapor y fibras derivadas de la madera. Hoy en día, las máquinas modernas siguen basándose en este modelo.

El uso de materiales más económicos hizo que se abarataran costes y que se extendiera el uso del papel y las comunicaciones impresas: libros, revistas, diarios... llegando a una mayoría.

15. Cite tres tipos de papel que conozca.

Papel sin ácido, papel de prensa, papel mecánico, papel sin pasta mecánica de madera, papel cartucho, cartón, papel antiguo, papel verjurado, papel con acabado inglés y liso, papel estucado y no estucado, papel plástico y láminas, papeles autocopiativos, papel técnico, papel para la impresión digital.

Solucionario Capítulo 2

1. **¿En qué consiste la fase de posimpresión? ¿Qué tipo de manipulados se incluyen en dicha fase? Cítelos y explíquelos brevemente.**

La fase de posimpresión pertenece al proceso final de la producción gráfica. Dentro de esta fase se incluyen los acabados finales y la encuadernación, factores que deben tenerse en cuenta desde el principio de un proyecto, ya que influyen desde primera hora tanto en el proceso como en el presupuesto, los materiales y el resultado final.

Esta fase debe caracterizarse por un buen entendimiento entre cliente, impresor y encuadernador para poder garantizar un buen resultado en el producto.

Los acabados y encuadernados son procesos que dan el toque final al producto y por tanto confieren un valor añadido al mismo. Estos procesos de acabado aportan valor ornamental, funcional, conservación...

Dentro de los tipos de manipulados en la fase de posimpresión se encuentran tres áreas:

1. Tratamiento de la superficie del soporte: incluye diversas fases que modifican la superficie del producto impreso como la aplicación de barnices, relieves...
2. Procesamiento posimpresión: en la que se le da forma física al papel con métodos como el plegado, troquelado...
3. Encuadernación: fase en la que se unen las hojas sueltas en un conjunto unitario. También hay diferentes métodos: encolado, grapado, cosido con hilo, etc.

2. **¿Cuáles son los tres cortes principales de un libro? ¿Qué tipos de máquinas se utilizan según su finalidad?**

Los tres cortes principales de un libro son cabeza, pie y delantera. Para realizar cortes en el libro se utilizan máquinas cortadoras como las cortadoras, que se emplean para corte de papel en bobinas, la trilateral que es la guillotina especial que reproduce los tres cortes básicos del libro (cabeza, pie y delantera); y la guillotina, que bien recorta o desbarba el formato deseado, es decir, da una forma regular a los pliegos de papel.

3. ¿Qué tipos de cortes se utilizan como recurso decorativo? ¿Cuál utilizaría si quisiera hacer una etiqueta original para una prenda de ropa y fuese colgada de la misma?

Los cortes como uso decorativo son el troquelado, que utiliza un troquel para dar la forma deseada al producto y el perforado, que permite rasgar el papel.

Para hacer una etiqueta original utilizaría el troquelado. Diseñaría un molde con una forma original que llamase la atención y para poder colgarla de la prenda, utilizaría el perforado, haciéndole un orificio para poder introducir una cuerda y así poder colgarla de la prenda.

4. Si tuviese que hacer la carta de un restaurante con una gran variedad de platos, postres y vinos, ¿qué tipo de plegado utilizaría? Recuerda que el cliente quiere incluir fotos de algunos de sus productos.

Utilizaría el plegado en acordeón, ya que produce un efecto muy visual y permite un mayor número de páginas que otras opciones de plegado, por lo que podría incluir fotos de productos junto a los textos. Este tipo de plegado permite una gran longitud, que al plegarse reduce su tamaño, por lo que es ideal para este cliente.

5. Tiene que diseñar una tarjeta de presentación para una feria de vinos. ¿Elegiría algún troquelado? ¿Qué tipo de acabado utilizaría si quisiera destacar la marca del vino? ¿Le añadiría algún barniz?

Utilizaría una tarjeta con un troquel de cantos redondeados para dar más elegancia a la tarjeta. Después, incluiría una botella de vino en la tarjeta, ya que es el producto que se va a anunciar. Para destacar la marca, utilizaría un altorrelieve con barniz selectivo con pigmentos metálicos y un barniz oloroso con el olor del vino sobre la botella de vino. Así, al tocarla, liberaría el olor del vino anunciado. La base de la tarjeta la haría sobre laminado mate.

6. Imagine que le encargan un tríptico informativo para una escuela de invidentes, ¿qué técnica utilizaría?

Utilizaría el plegado envolvente, en este caso, un tríptico. Elegiría papel estucado mate y la técnica de golpe seco para todos los texto en braille, o bien el barniz braille que confiere relieve a las formas impresas.

7. **Una empresa de gran prestigio le escribe solicitando sus servicios como diseñador. Le encargan una memoria para celebrar sus 50 años en el mundo de los negocios. Quieren incluir tanto datos de empresa como logros, clientes, trabajos y anécdotas de su empresa. ¿Qué tipo de encuadernación plantearía? ¿Qué tipo de acabado? Razone su respuesta.**

Plantearía una encuadernación de tapa dura o cartoné, ya que confiere elegancia al trabajo. Además, dado que celebran 50 años y quieren incluir tanto contenido, es necesaria una encuadernación de tapa dura. Por darle una impronta más elegante, elegiría un lomo redondeado y reforzado con cajos y el corte delantero en convexo, por tanto.

Para la portada se podrían elegir varias técnicas, pero al ser una memoria, quizá me decantaría por una tela y mediante el proceso de estampación, pondría título, nombre de la empresa... en la portada y el lomo. Añadiría unas cubiertas con algún diseño.

8. **Relacione estos conceptos:**

   a. Perforado
   b. Barniz braille
   c. Encuadernación en rústica o tapa blanda
   d. Relieve o grabado en seco

   c. Surgió a finales del siglo XIX, cuando las editoriales empezaron a utilizar esta técnica de encuadernación y la publicación editorial masiva, comercializando ejemplares accesibles económicamente para personas con menor poder adquisitivo.
   a. Es un tipo de troquelado que crea una serie de cortes u orificios que permiten rasgar el papel fácilmente. Estas perforaciones se realizan con unas cuchillas, denominadas flejes, dándoles una forma concreta.
   d. Es una técnica de acabado por la que un diseño se estampa en un soporte, bien con tinta o lámina o sin ellas.
   b. Se realiza con el sistema de lectura braille. Su función principal es diseñar símbolos de seguridad para ciegos, aunque se utiliza como acabado para conseguir efectos especiales o 3D, ya que invita a ser tocado.

9. **Complete las siguientes frases:**

El **plegado en acordeón** produce un efecto muy visual. Se realiza mediante **pliegos paralelos** en direcciones opuestas que se van abriendo. Tiene como ventaja que permite un **mayor** número de páginas y así se obtiene una publicación de tamaño **menor.**

El **plegado en cilindro o envolvente** también ofrece un efecto visual muy interesante. Está compuesto por un conjunto de pliegues paralelos **en valle** que se doblan varias veces entre **sí.** Este tipo de plegado hace que el **contenido** se vaya revelando al lector lentamente, cuerpo a cuerpo.

El **plegado en cuarto o en cruz** es un método en el que se hace cada pliegue en un ángulo de 90° respecto del anterior, es decir, se dobla **verticalmente** y luego **horizontalmente,** formando un pliego de 4 páginas sin cortar.

El **plegado en ventana** es un recurso que se emplea mucho en libros o revistas. Suele utilizarse para imágenes relevantes que se quieran destacar.

Normalmente, posee cuatro cuerpos **(dos exteriores y dos interiores),** de manera que los cuerpos derecho e izquierdo se doblan hacia el interior. Para ello, los cuerpos exteriores deben ser ligeramente más **estrechos** que los exteriores, que sí poseerán las mismas medidas.

El **plegado en paralelo** consiste en que todos sus dobleces son paralelos. Este proceso se emplea cuando el producto no va a encuadernarse.

10. **Una empresa perfumera le encarga las bolsas con su marca. Las quieren con acabado brillante. ¿Qué tipo de acabado utilizaría? Explique los materiales que se utilizan para conseguir ese acabado.**

Para hacer las bolsas de un perfume con acabado brillante, elegiría el plastificado, laminado o peliculado, que confieren al producto una gran rigidez y mucho brillo, aunque el proceso sea más caro que el barnizado, tiene otras ventajas como la resistencia o la perdurabilidad. El plastificado es impermeable y protector, por lo que es ideal para transportar cosas en una bolsa.

Los principales materiales con los que se elabora el plastificado son: el acetato de celulosa, que proporciona un alto brillo y el polipropileno.

11. Dibuje un esquema señalando las partes que componen un libro y explíquelas brevemente.

Anatomía exterior e interior de un libro

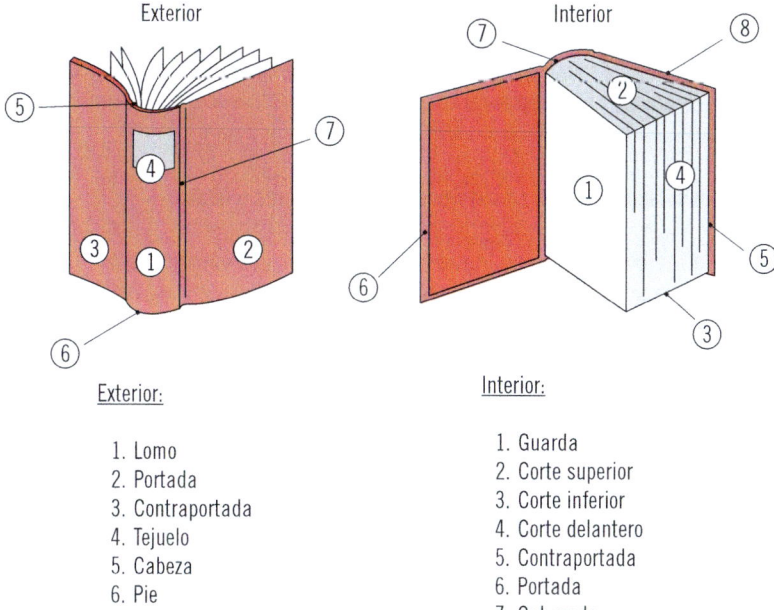

Exterior:

1. Lomo
2. Portada
3. Contraportada
4. Tejuelo
5. Cabeza
6. Pie
7. hueco

Interior:

1. Guarda
2. Corte superior
3. Corte inferior
4. Corte delantero
5. Contraportada
6. Portada
7. Cabezada
8. Ceja

Estructura exterior de un libro:

a. Cortes: presenta tres cortes principales, superior o cabeza, inferior o pie y el delantero.
b. Lomo: parte donde se sujetan todas las páginas del libro. Suelen especificarse los datos del título, autor y editorial.
c. Cubiertas: también denominadas portada y contraportada. Son las partes exteriores del libro y pueden ser blandas o duras y de diversos materiales.
d. Nervios: son las cuerdas o cordeles que se colocan en el lomo en el proceso de encuadernación. Su principal función es reforzar el lomo, aunque también se usa como recurso decorativo.
e. Tejuelo: pequeño trozo de material colocado en el lomo, donde se suele colocar el nombre del autor y el título.

Estructura interior de un libro:

a. Guardas: hojas de papel grueso, de distinto papel al resto del libro, que coloca el encuadernador para unir la tripa del libro a la tapa. A veces, presentan diseños decorativos.
b. Cabezada o capitel: está en la parte superior del lomo y son unas franjas decorativas que se colocan como protección u ornamento.
c. Ceja: espacio de tapa dura, sobresaliente del libro. Su función es la de proteger el ejemplar.

12. Señale si las siguientes afirmaciones son verdaderas o falsas:

a. La encuadernación fresada o americana es una variante de la encuadernación rústica.

☑ **Verdadero**
☐ Falso

b. El efecto escalonado que se produce en los libros durante la encuadernación confiere un valor añadido al producto.

☐ Verdadero
☑ **Falso**

c. El *letterpress* consiste en aplicar un barniz perlescente a la cubierta de un libro de edición especial.

☐ Verdadero
☑ **Falso**

d. En el proceso de grapado lateral o costura francesa, las grapas se colocan a un mínimo de 6 mm del lomo.

☑ **Verdadero**
☐ Falso

e. La función principal de lomo redondeado y reforzado con cajos es reducir la tensión que se produce entre cubiertas y guardas.

☑ **Verdadero**
☐ Falso

13. Sopa de letras. Busque las diferentes partes que componen un libro:

N	E	T	E	J	U	E	L	O
E	E	O	T	O	J	W	J	P
R	O	J	R	J	W	A	W	U
V	O	L	O	R	C	Q	L	N
I	L	O	C	L	O	W	E	C
O	U	L	U	R	Z	N	R	U
S	A	D	R	A	U	G	E	B
K	J	U	Q	W	W	N	P	I
H	E	O	L	N	W	Q	P	E
Y	C	O	L	O	M	O	A	R
O	W	N	W	N	A	G	P	T
R	C	A	B	E	Z	A	D	A

14. ¿Qué fenómeno propició la encuadernación rústica o de tapa blanda?

Con la encuadernación rústica o de tapa blanda se disparó el consumo de libros por parte de una sociedad en la que disminuía la tasa de analfabetismo ante una mayor exigencia de formación en el ámbito laboral. Este tipo de encuadernación surgió a finales del siglo XIX, cuando las editoriales empezaron a publicar de forma masiva y a comercializar ejemplares para personas con un menor nivel adquisitivo. Todo esto propició que se disparara el consumo de libros, que eran de escaso valor y, por tanto, no alentaban el coleccionismo.

15. Identifique los siguientes tipos de encuadernación.

a. Encuadernación rústica pegada.

b. Encuadernación fresada o americana.

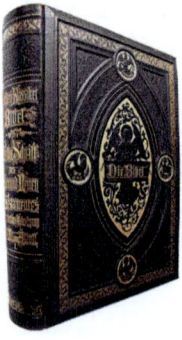

c. Encuadernación en cartoné.

Solucionario Capítulo 3

1. **¿Qué es la calidad? ¿Se puede aplicar a cualquier empresa o solo a la industria gráfica? ¿Qué organismo es el encargado de dictaminar y actualizar las normas que regulan la calidad? El Certificado por Norma ISO, ¿certifica que un producto es mejor que otro?**

Existe un variado número de definiciones sobre lo que es la Calidad en las empresas.

La Norma ISO 9000 la define como "el grado en el que un conjunto de características inherentes cumple con los requisitos". La calidad en la industria gráfica consiste en la mejora de la calidad de los productos y de los servicios.

La calidad se puede (y debe) aplicar a cualquier empresa para garantizar sus productos y servicios.

El organismo encargado de dictaminar y actualizar las normas que regulan la calidad es la *International Standarization Organization* (Europa). La Norma ISO 9000 consiste en un conjunto de reglas sobre el aseguramiento de la calidad.

El Certificado por Norma ISO asegura que los productos o servicios ofrecidos por una empresa están controlados, regulados y sujetos a modificaciones controladas, pero en ningún caso certifica que un producto sea mejor que otro, solo que ese producto está normalizado y regulado bajo la norma ISO.

2. **La calidad es una empresa, ¿es necesaria? ¿En qué debe una empresa basar sus objetivos para mejorar? ¿Cuáles son los tres parámetros básicos en los que debe basarse?**

Una empresa debe aplicar un plan de calidad para mejorar con respecto a la competencia y así poder atraer clientes y fidelizar los ya existentes. Así, incrementará notablemente sus beneficios. Para ello debe contar con recursos materiales, humanos y financieros y ofrecer a sus clientes sus mejores productos y servicios. Para conseguir esto debe centrarse en tres parámetros básicos como son la INNOVACIÓN; debe crear nuevos productos o añadir nuevas características a los ya existentes para diferenciarse de la competencia; el PRECIO, debe reducir costes, pero siempre ofrecer un buen servicio y un precio atractivo para el cliente sin dejar de lado la calidad; y la CALIDAD, debiera ser el pilar básico de cualquier empresa y cubrir las necesidades del cliente al menor coste posible.

3. **A continuación, se relacionan una serie de parámetros a tener en cuenta en los tipos de muestreo. Inclúyalos dentro de la fase a la que correspondan:**

   a. Comprobar la correcta aplicación de barnices en la zona especificada: **tipo de muestreo en posimpresión, acabados.**

   b. Selección del tipo de máquina adecuada para llevar a cabo el trabajo impreso: **tipo de muestreo en impresión, máquinas.**

   c. Doblado y/o deslizamiento de la imagen: **tipo de muestreo en impresión, imágenes.**

   d. Registro defectuoso: **tipo de muestreo en impresión, imágenes.**

   e. Efecto escalonado en los cuadernillos centrales en la encuadernación a caballete: **tipo de muestreo en posimpresión, encuadernación.**

   f. Gramaje y volumen específico del papel: **tipo de muestreo en impresión, papel.**

   g. Impresión de imágenes de tirajes anteriores: **tipo de muestreo en impresión, máquinas.**

   h. Comprobar la resistencia del papel ante la aplicación de diferentes técnicas de acabado: **tipo de muestreo en posimpresión, acabados.**

   i. Dirección de la fibra del papel errónea: **tipo de muestreo en posimpresión, encuadernación.**

4. Mosaico de imágenes. ¿Qué reflejan las imágenes que se muestran a continuación? Resúmalas brevemente.

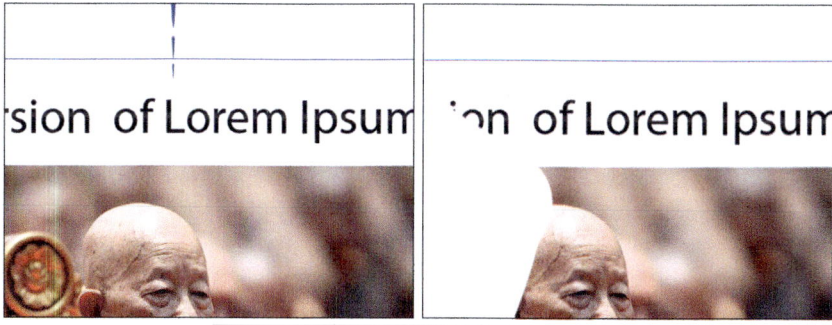

1. Índice de desviaciones. Repintado. Este efecto se produce por un exceso de tinta o por falta de tiempo en el secado, por lo que la tinta se traspasa a la hoja de papel siguiente.
2. Índice de desviaciones. Mala entrada del pliego a máquina, por lo que quedarán zonas sin imprimir.
3. Índice de desviaciones. Mal registro. Un error muy fácil de reconocer, ya que se produce un desdoblamiento en la impresión, lo que indica que las cruces de registro no están bien centradas.

5. Señale si las siguientes afirmaciones son verdaderas o falsas:

a. Es muy importante determinar las funciones de cada departamento y la del cliente.

☑ **Verdadero**
☐ Falso

b. Llevar un control exhaustivo de los errores para la mejora de calidad no tiene relevancia.

    ☐ Verdadero
    ☑ **Falso**

c. El proceso gráfico debe ser controlado desde las primeras fases de producción.

    ☑ **Verdadero**
    ☐ Falso

d. La necesidad de la realización de pruebas de impresión radica en la inversión de tiempo y dinero con respecto a la calidad del producto.

    ☑ **Verdadero**
    ☐ Falso

6. Relacione estos conceptos:

    a. Prevención
    b. Demostración
    c. Corrección y mejora
    d. Detección

c. Se deben implantar procesos de mejora continuamente para corregir las causas de los errores y así mejorar los procesos y, por ende, los productos.

a. El control desde las primeras fases de producción en un proyecto es esencial para poder evitar errores y costes futuros. Para ello, la prevención de errores y evitar que se produzcan patrones no conformes con el proceso en las diferentes fases es esencial para la obtención del producto.

d. Es otro parámetro importante en la consecución del producto. Por ello, detectar errores en el momento más próximo posible puede evitar costes innecesarios.

b. Es muy importante documentar todas las acciones llevadas a cabo para la mejora del producto y así demostrar que se han cumplido los requisitos de calidad establecidos.

7. **Complete las siguientes frases:**

   a. La **Norma** ISO **9000**: proporciona los conceptos de **gestión** de calidad y establece el **vocabulario** de la sección.
   b. Norma ISO **9001**: proporciona las **directrices** para la gestión de la calidad.
   c. Norma ISO **9004**: verifica y orienta el **desempeño** de la gestión de calidad.

8. **¿En qué fases se dan los tipos de inspección? ¿Cuáles son los grados de intensidad de estas inspecciones?**

   Los tipos de inspección a los que se somete un producto impreso se dan en diversas fases:

   a. Inspección en la recepción: se hace un control de los materiales recepcionados y necesarios para llevar a cabo el trabajo. También se hace un control de la maquinaria empleada, que reúna las condiciones óptimas para desarrollar el trabajo y se controlan los productos auxiliares que sean necesarios.
   b. Inspección en el proceso: los procesos se dividen a su vez en subprocesos y cada uno de ellos debe ser objeto de una inspección. Desde las fases primarias de producción en la que se controla la calidad y resolución de las imágenes, los errores ortotipográficos, la realización de pruebas de impresión, la correcta elección del papel, las tintas... hasta las fases de posimpresión, en las que se controlan la calidad de los acabados y encuadernados.
   c. Inspección de salida: una vez el producto está finalizado, se lleva a cabo un control exhaustivo del mismo mediante muestreos necesarios para garantizar que el producto se ha elaborado bajo los estándares de calidad y las especificaciones exigidas, obteniendo un resultado satisfactorio.

   Los grados de intensidad de la inspección varían desde:

   I Ninguna intensidad: no es lo usual, ya que la inspección es necesaria en todos los productos.
   I Visual-subjetiva: es el operario el que realiza la inspección y no se utilizan instrumentos de medida.
   I Medida-objetiva: se hace uso de instrumentos de medida, pero hay un rango de tolerancia alto.
   I Exigente-objetiva: también se hace uso de instrumentos de medida basados en estándares preestablecidos y con un nivel de exigencia muy alto.

▌ 100 % objetiva: se controla el producto y sus procesos minuciosamente y al detalle, sin permitir opiniones subjetivas y se hace mediante originales. Se suele utilizar para trabajos con circunstancias determinadas.

9. **Sopa de letras: encuentre 5 términos relacionados con el tema.**

C	A	L	I	D	A	D	Q	R	Y	I
M	T	R	B	D	S	A	F	V	L	O
J	C	N	W	S	X	D	Ñ	U	A	L
Z	F	I	D	E	L	I	Z	A	R	Ñ
J	H	N	Z	J	U	V	K	C	G	B
Z	E	F	T	B	Q	I	H	N	L	M
A	Y	O	G	U	R	T	S	X	T	E
U	O	R	J	I	T	C	Y	O	K	C
A	C	M	G	H	R	U	Y	D	C	Ñ
X	T	E	N	I	M	D	O	L	R	U
E	W	S	E	T	S	O	C	L	Ñ	O
B	H	Y	T	D	C	R	V	X	A	U
Z	Q	P	B	T	V	P	U	E	J	K

10. **Señale la opción correcta.**

Antes de comenzar un trabajo de impresión, el impresor debe pactar con el cliente la entrega de:

   a. **Originales, PDF preparados para imprimir, imágenes en alta resolución y las tipografías empleadas.**
   b. Nada, el cliente no debe hacer entrega de nada.
   c. Las imágenes utilizadas, aunque no importa la resolución.
   d. El dinero.

El tamaño de la página es importante.

    a. No, no es importante.
    b. Determinará el tipo de máquina utilizada y el tipo de encuadernado.
    c. Determinará el tipo de acabados.
    d. Determinará el número de personas dedicadas al proyecto.

La extensión de un trabajo dependerá de número de páginas, pero para que salga más económico...

    e. ... debe ser divisible por 4, 8, 12, 16, 24 o 32.
    f. ... debe imprimirse en según qué tipos de papel.
    g. ... debe imprimirse de noche.
    h. El número de páginas está limitado por las máquinas

11. Señale las ventajas que pueden revertir en una empresa mediante el uso de informes.

Los informes son una herramienta muy útil para establecer un buen flujo de trabajo. Son numerosas las ventajas por su uso:

- Establecer parámetros de producción.
- Comunicación fluida entre diferentes fases y departamentos.
- Mejora la calidad de la empresa.
- Buena planificación del trabajo.
- Ayuda a perfeccionar el trabajo, evitando y corrigiendo errores.
- Permite un progreso continuo.
- Ayuda a priorizar la calidad.

12. Enumere algunas de las consecuencias de la NO CALIDAD en una empresa que no aplica de forma correcta el programa de calidad diseñado para la mejora de la organización.

Algunas de las consecuencias de la NO CALIDAD en una empresa, pueden ser:

- Pérdida de clientes.
- Desconocimiento de las necesidades del cliente.
- Desviación del producto que realmente quiere ofrecer la empresa.
- Pérdida del futuro de la empresa.
- Pérdida de la imagen de la empresa

I Pérdida de confianza por parte del cliente.

I Entrega de trabajos fuera de plazo.

I Pérdidas económicas.

13. Cuando se habla del "histórico" en la industria gráfica, ¿a qué se hace referencia? ¿Puede enumerar algunos ejemplos?

El histórico consiste en la reunión de todas las pruebas realizadas al producto impreso a lo largo de todas las fases de producción por las que pasa. Las pruebas son realmente necesarias para ahorrar en tiempo y en costes y no lamentar errores en fases avanzadas de un proyecto, que incluso puede llegar a echarse por tierra.

Por ejemplo, se encuentran las pruebas de preimpresión; pruebas en pantalla (con monitores calibrados); pruebas en impresora láser, para correcciones ortotipográficas, colocación de cajas de texto, sangres, imágenes; pruebas de color, en impresoras de inyección de tinta con perfiles ICC ajustados; imposición, para una correcta colocación de las páginas en el pliego; tiras de control, observadas mediante el densitómetro o un cuentahílos... todas ellas observadas en una cabina de visionado que emula la luz natural, para no encontrar sorpresas en temas de color.

14. Defina los siguientes conceptos: arrugas, aseguramiento de la calidad, puntos, arrastre de rodillo.

I Arrugas: un exceso de humedad en las tintas o no tensar bien el pliego de papel antes de entrar en la máquina, ocasionan arrugas en el papel y, por supuesto, un mal producto.

I Aseguramiento de la calidad: consiste en el correcto cumplimiento de las Normas ISO 9000. Estas normas se centran en la prevención de defectos. Así, tanto los procesos como los productos satisfacen las expectativas y se evitan pérdidas incalculables para la empresa.

I Puntos: marcas redondeadas en el impreso, debido a la suciedad de la plancha.

I Arrastre de rodillo: encontramos zonas sin entintar como consecuencia de que el papel no aguante la fricción del rodillo, por lo que no coge la tinta.

15. ¿Cuáles serían las fases por las que pasaría un plan de mejora para su imprenta?

Lo determinante es hacer uso de la observación y la experiencia y después ir mejorando. Para ello, se llevarán a cabo cuatro fases:

1. Prevención: se controlarían exhaustivamente las primeras fases de producción para evitar errores y costes futuros. Así, prevenir errores y evitar la repetición de patrones, sería lo primordial en esta fase.
2. Detección: detectar los errores a tiempo y en el momento más próximo posible para evitar costes innecesarios.
3. Corrección y mejora: una vez observados y apuntados los errores cometidos, se implantarán una serie de procesos de mejora que permitan no repetir patrones erróneos, así mejorarán los procesos y, por tanto, los productos.
4. Demostración: se llevará una exhaustiva documentación de todos los procesos, dónde se han cometido fallos y dónde hemos mejorado. Así, podrá demostrarse que se han cumplido los requisitos de calidad establecidos.

Solucionario 6
Contratación y supervisión de trabajos en preimpresión

Solucionario Capítulo 1

1. **Complete los espacios libres de la siguiente frase:**

Como **resolución** se entiende el número de muestreos (píxeles) de la imagen por unidad de **superficie,** a mayor número de muestreos mayor detalle. Cada muestreo corresponde a un **píxel,** cuanto mayor sea la densidad de píxeles, mayor será la **resolución** de la imagen.

2. **Indique si las siguientes frases son verdaderas o falsas.**

   a. Por sus características, las imágenes de tono continuo ofrecen una dificultad añadida a la hora de digitalizarlas.

   ☐ Verdadero
   ☑ **Falso**

   b. La resolución corresponde a la densidad de píxeles que compone una imagen.

   ☑ **Verdadero**
   ☐ Falso

   c. En el proceso de maquetación se ensamblan los textos y las imágenes generando un archivo digital que seguidamente se filma sobre la forma impresora.

   ☐ Verdadero
   ☑ **Falso**

   d. Siempre es mejor trabajar con máquinas de impresión de gran formato y con bastantes cuerpos entintadores para poder hacer los trabajos más rápido, al no tener que hacer tantas pasadas de impresión.

   ☐ Verdadero
   ☑ **Falso**

e. Un operario de preimpresión debe tener conocimientos de colorimetría.

☑ **Verdadero**
☐ Falso

3. **Explique qué es una imagen halftone y por qué es necesario que existan ese tipo de imágenes.**

Los sistemas actuales de impresión están limitados a la impresión en un solo tono: imprime/no imprime, mancha/no mancha. Es por esto que en la fase de preimpresión se convierten las imágenes de tono continuo en otras que sea posible imprimir. Son las llamadas imágenes discontinuas o tramadas.

4. **Escriba las diferencias y semejanzas entre el antiguo CTF y el CTP.**

CTF: Computer To Film. La imposición se filma sobre fotolito, después habrá que transferir esa imposición a la forma impresora mediante un proceso fotográfico.

CTP: Computer To Plate. La imposición digital se filma mediante el CTP sobre la plancha impresora (se ahorra un paso respecto al sistema CTF).

5. **¿Qué dos elementos ayudan a reproducir el color en una prueba de manera fiel al resultado final?**

El tipo de soporte y el lenguaje descripción de página.

6. **A nivel jerárquico, ¿a qué altura se encuentra el gestor de mantenimiento en una empresa?**

La figura del gestor de mantenimiento estará al mismo nivel jerárquico que el supervisor de fabricación. Dependerá directamente de dirección.

El equipo de mantenimiento trabajará integrado en producción para facilitar la integración y colaboración.

7. **Relacione correctamente las definiciones siguientes:**

   a. Digitalización.
   b. Correctivo.
   c. Disposición de equipos.
   d. PCL
   e. CMYK.

   c. Según sistema de impresión hacia el que se dirige.
   e. Tintas de proceso.
   b. Mantenimiento destinado a corregir en preimpresión un fallo mecánico.
   a. Transformar datos de un formato a uno digital.
   d. Lenguaje de descripción de páginas.

8. **¿Qué es la profundidad de bit? Ponga a qué espacio cromático corresponden los siguientes valores de profundidad de bit:**

   - 1 Bit
   - 8 Bits
   - 24 Bits

   El bit es la cantidad de información binaria que conforma una imagen. La profundidad de bit define la cantidad de colores que poseerá la imagen digital determinada por la cantidad de información (bit) que se asigna a cada píxel durante el proceso de digitalización.

   1 bit: dos tonos de blanco y negro. Imágenes en línea.
   8 bit: 256 niveles de gris. Imágenes en escala de grises.
   24 bit: 16 millones de colores. Imágenes en color.

9. **¿Qué es el lenguaje PostScript? ¿Es el sistema más usado actualmente?**

   Postscript es un lenguaje de descripción de página concebido expresamente para representar el texto y los gráficos que componen una página y posteriormente imprimirse.

   Es un lenguaje convencional, ya que actualmente existen otros lenguajes y otras tecnologías para la interpretación.

10. Indique si las siguientes frases son verdaderas o falsas.

a. Con la gestión del color se uniformiza el color entre distintos dispositivos y soportes.

☑ **Verdadero**
☐ Falso

b. El éxito de la organización del mantenimiento es la planificación.

☑ **Verdadero**
☐ Falso

c. Un oficial de preimpresión no es necesario que tenga conocimiento de todos los sistemas de impresión existentes, solo de *offset*.

☐ Verdadero
☑ **Falso**

d. Algunos sistemas de impresión trabajan en modo de color RGB.

☐ Verdadero
☑ **Falso**

11. Existen tres tipos de CTP que en su configuración física se diferencian. ¿Cuáles son?

De tambor externo: la plancha se coloca en un tambor que está a la vista. Estos CTP son manuales y un operario debe poner y sacar cada plancha para luego ingresarlas en la procesadora (revelado).

De tambor interno: la plancha se introduce dentro del CTP donde es filmada. Normalmente se usa en tecnología violeta porque el tambor está protegido de la luz.

De cama plana: los más usados en grandes imprentas por su rapidez de filmación. La plancha se filma derecha y el láser es el que se mueve.

12. Complete los espacios libres de la siguiente frase:

Las primeras pruebas fueron las **analógicas,** que se realizaban a partir de fotolitos. Sin embargo, esta técnica se abandonó gracias a la tecnología CTP *(computer to plate),* en la que ya no se necesitan los **fotolitos,** sino un simple archivo **informático** que se imprime a través de sublimación, inyección de **tinta** o láser de color.

13. ¿Qué significan las siglas RIP y cuál es su función?

Raster Image Processor. Durante el procesado en el RIP, los archivos sufren dos transformaciones para poder ser impresos: la imagen continua del archivo digital se transforma en imagen tramada y se descompone en separaciones de color.

14. Complete los espacios libres de la siguiente frase:

En ocasiones, al filmar la plancha puede quedar alguna imperfección o mancha. Esta mancha se puede eliminar o borrar si está en zonas blancas de la plancha con productos para tal fin como **rotuladores correctores** o un **gel** que se aplica con un **pincel.**

15. ¿Cuáles de los siguientes utensilios o materiales no encajan?

  a. Reglas.
  b. Tijeras.
  c. Rollos de papel.
  d. Gomas.
  e. Cola.
  f. Cizalla.
  g. Opacador.

Solucionario Capítulo 2

1. ¿Cuál de los siguientes bloques no corresponde al sector gráfico?

   a. Diseño.
   b. Distribución.
   c. Impresión.
   d. Acabados.

2. **Complete los espacios libres de la siguiente frase:**

   Las empresas integradas son aquellas que integran en una unidad de producción al menos **dos** fases del proceso gráfico.

   Las empresas **especializadas** son aquellas que se dedican solamente a una de las fases de proceso.

3. **Indique si las siguientes frases son verdaderas o falsas.**

   a. La distribución territorial del empleo está asociada a la localización de las familias.

      ☑ **Verdadero**
      ☐ Falso

   b. La tendencia del sector gráfico, y más en el sector de impresión digital, es hacer tiradas mínimas, cada vez más pequeñas, en tiempos de realización cada vez más cortos, y que todavía así, siga resultando rentable.

      ☐ Verdadero
      ☑ **Falso**

   c. Las bases de datos son vitales en el servicio de impresión, ya que gestionan y almacenan todos los datos correspondientes al cliente.

      ☑ **Verdadero**
      ☐ Falso

4. **¿Cuál es la diferencia principal entre impresión digital y el resto de sistemas de impresión? ¿Qué beneficio supone esta diferencia?**

Ausencia de molde o forma impresora. La ausencia de forma impresora reduce los costos en preimpresión siendo rentables las tiradas cortas.

5. **¿Qué elemento se integró en la década de los 80 al proceso de preimpresión?**

Composición electrónica de páginas.

6. **Complete los espacios libres de la siguiente frase:**

El ojo humano, los monitores, los escáneres y las cámaras fotográficas trabajan en síntesis **aditiva**.

7. **¿En qué casos es recomendable la utilización de hexacromía para no perder rentabilidad?**

Solo en casos de gran tirada.

8. **Complete los espacios libres de la siguiente frase:**

El futuro de la producción impresa evolucionará hacia la integración de la **preimpresión e impresión**.

9. **Indique si las siguientes frases son verdaderas o falsas.**

a. La hexacromía consta de incorporar dos colores a los cuatro habituales aportados en el proceso de impresión CMYK. Estos colores son una tinta marrón y otra verde brillante.

☐ Verdadero
☑ **Falso**

b. La ISO es un organismo internacional que se encarga de la normalización y estandarización de los trabajos de preimpresión para lograr una compatibilidad en las características de un producto que pueda ser usado en el extranjero.

☑ **Verdadero**
☐ Falso

c. La certificación consiste en una asesoría técnica para determinar la metodología de trabajo a adquirir.

☐ Verdadero
☑ **Falso**

10. **¿Cuál de las siguientes frases no corresponde con las ventajas de la estandarización de productos?**

a. Es un argumento de venta, un diferenciador de la competencia.
b. Se asegura un color y unos acabados precisos y objetivos.
c. Con ello se ajustan los tiempos de entrega, lo cual hace más rentable el negocio.
d. **Reducción del impacto positivo en el medio ambiente.**

11. **Complete los espacios libres de la siguiente frase:**

En las aplicaciones gráficas usadas en preimpresión, Adobe incluye perfiles basados en especificaciones de **FOGRA** como los perfiles Euroscale Coated y Euroscale Uncoated.

12. **En un contrato de servicios de preimpresión es conveniente incorporar un breve cuestionario referente a la gestión de la calidad. ¿Qué preguntas incorporaría usted a este cuestionario?**

▮ ¿Tienen gestión de la calidad?
▮ ¿Están certificados en la norma ISO 9001 de calidad?
▮ ¿Tienen un responsable de la gestión de la calidad?
▮ ¿Realizan informes de acciones correctivas/preventivas ante una no conformidad?
▮ ¿Tienen una política de calidad?

13. **La gestión de procesos de seguridad de la Norma ISO 27000 (confidencialidad) se puede definir en cuatro fases. ¿Cuáles son?**

I **Planificación:** se fijan los objetivos de seguridad que se desean alcanzar y se traza un plan o estrategia para llegar a conseguirlos teniendo en cuenta todos los factores (tanto internos como externos) con los que se cuenta para poder cumplir dichos objetivos.

I **Implementación:** proceso en el que se ponen en práctica las estrategias definidas en el proceso de planificación.

I **Seguimiento:** se trata de analizar una vez implementado el plan estratégico si se cumplen los objetivos fijados y en qué nivel se cumplen.

I **Mejora continua:** en esta fase se aplican acciones correctivas durante el proceso productivo con tal de llegar siempre a los objetivos marcados.

14. **¿Para qué sirve una indemnización al cliente en caso de retraso en la entrega?**

Se exige como compensación al cliente de los posibles daños o perjuicios sufridos como consecuencia de no disponer del producto contratado en la fecha estipulada.

15. **Relacione correctamente las siguientes normas.**

    a. ISO 9001.
    b. ISO 12647.
    c. ISO 2700.
    d. ISO 15930.

    c. Calidad.
    d. Impresión.
    a. Confidencialidad.
    b. Preimpresión.

Solucionario Capítulo 3

1. **Ponga el nombre correspondiente a las siguientes operaciones de control:**

   a. Se aplica justo después de haber realizado alguna operación para valorar si es correcta o no. En caso negativo habrá que realizar acciones correctivas interrumpiendo o paralizando la producción hasta haber subsanado la irregularidad para encaminar las acciones posteriores.

   Control aprobado-reprobado.

   b. Se aplica antes de la conclusión de la actividad pero dentro de un sistema estructurado de control.

   Control direccional.

   c. Se realiza el control una vez terminado el proyecto. Este tipo de control va encaminado a subsanar posibles fallos o errores en proyectos futuros, ya que la acción correctiva se aplicará en un nuevo proyecto.

   Control postoperacional.

2. **Describa los pasos del proceso de control.**

   ▪ Definición de los parámetros de control. Durante la etapa de planificación se fijan unas metas u objetivos que permitan el seguimiento y control de la producción y que, en caso de alguna anomalía, establezcan un protocolo de actuación.
   ▪ Medición de los resultados. Durante el proceso de producción deben valorarse los resultados de manera lo más objetiva posible (dado que según la tipología del trabajo a veces no es posible una objetividad total).
   ▪ Evaluación de los errores. Se comparan los objetivos fijados en la fase de planificación con el resultado obtenido. Como no siempre se consigue cumplir con los objetivos al cien por cien, se valora esa diferencia y hasta qué punto afecta al proceso.
   ▪ Definición de correcciones. En este punto se trata de buscar soluciones para corregir la desviación de las metas fijadas.
   ▪ Ejecución de las correcciones. Poner en práctica las correcciones por parte de la persona encargada del proyecto.

3. **Indique si las siguientes frases son verdaderas o falsas.**

   a. Se podría definir la planificación como el proceso de establecer metas u objetivos encaminados a desarrollar estrategias en las que se tracen unos planes de actuación.

   ☑ **Verdadero**
   ☐ Falso

   b. Un proyecto consta de dos fases: programación y control.

   ☑ **Verdadero**
   ☐ Falso

   c. El proceso de evaluación de un proyecto se realiza una vez terminado dicho proyecto.

   ☐ Verdadero
   ☑ **Falso**

4. **¿En qué consiste la evaluación?**

   La evaluación consiste en una valoración objetiva y rigurosa cuyo cometido es determinar si se han cumplido los objetivos estipulados durante la fase de planificación. Con la evaluación se determina si el proyecto ha estado bien enfocado y planificado. Implica un análisis más amplio y objetivo que el seguimiento.

5. **¿Qué es el CPM y cuando fue desarrollado?**

   En la década de los 50 fue desarrollado un sistema de cálculo de tiempos y plazos en planificación conocido como CPM (Critical Path Method) o Método del Camino Crítico.

6. **Complete los espacios libres de la siguiente frase:**

   Se llama **ruta crítica** a la secuencia de los elementos que intervienen en el proceso que tengan una mayor duración entre ellos, por tanto, la **duración** de la ruta crítica es lo que determinará la duración del proyecto **completo**.

7. **Establezca las diferencias entre el diagrama de PERT y el de GANTT.**

La diferencia principal entre estos dos diagramas es que mientras el diagrama de GANTT es una representación gráfica de barras o bloques más visual, el de PERT es un diagrama de flujo por el cual se puede llevar un cálculo más preciso de los tiempos.

8. **Indique si las siguientes frases son verdaderas o falsas.**

a. Los diagramas de PERT y GANNT son herramientas de planificación que permiten calcular los tiempos de las tareas a realizar en el proceso.

☐ Verdadero
☑ **Falso**

b. En el diagrama de GANTT dentro de cada nodo se puede representar hasta dos instantes distintos: el inicio mínimo (im) y el final máximo (FM) de ese instante.

☐ Verdadero
☑ **Falso**

c. Los orígenes del diagrama de GANTT datan de finales del siglo XIX.

☑ **Verdadero**
☐ Falso

9. **Enumere los requisitos (capacidades) que debe tener un Sistema Experto.**

❚ Capacidad de almacenar datos.
❚ Capacidad de adquirir conocimientos.
❚ Capacidad de resolver problemas.
❚ Capacidad de explicar el porqué de su razonamiento.

10. **Indique las ventajas del Sistema Experto (SE).**

Con la ayuda de un SE una persona con no demasiada experiencia puede resolver problemas que precisan de un conocimiento más específico, además el SE puede hacerlo a mayor velocidad que un humano, con la característica añadida de tomar las decisiones objetivamente.

En situaciones de toma de decisiones muy complejas donde la subjetividad de un ser humano pueda suponer una decisión no acertada, los SE son de gran ayuda.

Las principales aplicaciones de los SE se realizan en gestiones empresariales como planificación, gestión, fiscalidad o contabilidad ya que son capaces de trabajar con un gran volumen de información sin aplicar criterios subjetivos de descarte.

11. Complete los espacios libres de la siguiente frase:

El diagrama de **PERT** es un método que permite calcular los **tiempos interrelaciónales** de las tareas que se precisan realizar para llevar a cabo un **proyecto** de una manera **gráfica** y **sencilla.**

12. ¿Tienen limitaciones los sistemas expertos? En caso afirmativo, ¿cuáles son?

Sí. Para mantenerlos actualizados precisan de reprogramaciones periódicas y no ofrecen demasiada flexibilidad a los cambios. La inteligencia artificial aún no es capaz de resolver problemas generales de sentido común ni de desenvolverse en situaciones ambiguas o inciertas.

13. Relacione correctamente la definición con el concepto:

   a. Es la parte del SE en la que se almacena el conocimiento del domino del experto.
   b. Es la parte gráfica en la que el usuario interactúa con el sistema.
   c. Al realizar una consulta en el sistema se introducen unos datos que el sistema empareja con la información contenida en la base de conocimientos para sacar las conclusiones adecuadas.
   d. Es la parte del sistema capaz de ofrecer una explicación al usuario de cómo ha llegado a una conclusión.
   e. Es la parte del razonamiento del SE.

   a. Base de conocimientos.
   e. Motor de inferencia.
   d. Subsistema de explicación.
   b. Interfaz de usuario.
   c. Base de hechos.

14. Indique si las siguientes frases son verdaderas o falsas.

a. JDF es un lenguaje estándar de conectividad para la industria gráfica que describe los trabajos de impresión.

☑ **Verdadero**
☐ Falso

b. JDF puede controlar el trabajo desde sus inicios, exceptuando la entrega o distribución.

☐ Verdadero
☑ **Falso**

c. JDF se trata de un *software* de automatización que se integra en la maquinaria existente siempre que sea de un mismo fabricante.

☐ Verdadero
☑ **Falso**

d. JDF es un estándar en lenguaje XML.

☑ **Verdadero**
☐ Falso

15. ¿Qué significa MIS? ¿Para qué sirve?

MIS (Management Information System) es un *software* para la gestión de la toda la información de una empresa (pedidos, control, producción, administración, etc.).

El sistema MIS es el encargado de generar un Job Ticket JDF con toda la información para gestionar el trabajo.

Contratación y supervisión de trabajos de impresión, encuadernación, acabados y gestión de materias primas

Solucionario Capítulo 1

1. Defina la fase de preimpresión y explique su importancia en la producción gráfica.

La preimpresión es la fase inicial en la producción gráfica, cuando se preparan los archivos digitales para la impresión. Incluye la maquetación, la corrección de pruebas y la creación de planchas de impresión. Es crucial para asegurar que todos los elementos del diseño estén listos y optimizados, garantizando una impresión precisa y de alta calidad.

2. Mencione una tecnología avanzada utilizada en la fase de preimpresión.

- *Computer-to-Plate* (CtP), que permite la transferencia directa de archivos digitales a planchas de impresión, mejorando la eficiencia y calidad.
- *Adobe InDesign,* utilizado para la maquetación de contenido impreso y digital, con herramientas para el control de estilo y ajustes tipográficos.
- *Esko Studio*, que ofrece simulaciones 3D y gestión avanzada de color para el diseño de empaques.
- *Adobe Acrobat Pro DC,* con herramientas avanzadas para la revisión de archivos PDF y la comprobación de color según normas internacionales.
- *Affinity Publisher,* una alternativa viable para maquetación y diseño gráfico que permite trabajar sin problemas en entornos de diseño y su integración con otras aplicaciones de la suite *Affinity*.

3. ¿Cuál es el papel del RIP en el proceso de preimpresión?

El RIP *(Raster Image Processor)* convierte los archivos digitales en un mapa de bits, preparando las imágenes para ser transferidas a las planchas de impresión. Este proceso es fundamental para asegurar la precisión en la impresión y en las separaciones de color.

4. Explique las diferencias entre la impresión *offset* y la impresión digital.

La impresión *offset* utiliza planchas de impresión y es ideal para grandes volúmenes debido a su alta calidad y costo unitario reducido en grandes tiradas. La impresión digital, en cambio, no requiere planchas, lo que permite flexibilidad y personalización, por lo que es más adecuada para tiradas cortas o urgentes, aunque con un costo unitario más elevado.

5. **¿Qué sistema de impresión es más adecuado para la producción de etiquetas resistentes a la humedad?**

    a. *Offset*
    b. Digital
    c. **Flexografía**
    d. Huecograbado

6. **Describa el proceso de impresión serigráfica y mencione un uso típico de este método.**

La impresión serigráfica utiliza una malla tensada y un rasero para transferir tinta a través de un estarcido sobre el sustrato. Es ideal para imprimir en textiles como camisetas y productos promocionales debido a su durabilidad y versatilidad.

7. **Explique cómo la impresión por sublimación puede ser utilizada para la personalización de productos.**

La impresión por sublimación transfiere imágenes desde un papel de transferencia a un sustrato mediante calor, convirtiendo la tinta en gas que se fusiona con el material. Es ideal para personalizar textiles, tazas y otros objetos, ya que garantiza imágenes duraderas y de alta calidad.

8. **¿Qué tipo de encuadernación recomendaría para un manual técnico que se consulta con frecuencia y por qué?**

La encuadernación en espiral o canutillo sería la más adecuada, ya que permite abrir el manual completamente plano, lo que facilita su uso frecuente y duradero en entornos industriales.

9. **Mencione un acabado que puede mejorar la durabilidad de un catálogo de productos de lujo.**

    ▌ Laminado o plastificado: protege contra la humedad, el desgaste y las manchas, da un acabado duradero y elegante.
    ▌ Estampado en caliente: añade elementos decorativos metálicos o holográficos, lo que aporta un aspecto sofisticado.

▮ Relieve o relieve invertido: crea texturas elevadas o hundidas en la superficie para realzar el diseño.
▮ Barniz UV selectivo: destaca áreas específicas del diseño, como títulos o logos, y mejora la durabilidad.

10. **¿Cómo ha impactado el uso de planchas sin procesado químico en la producción gráfica?**

El uso de planchas sin procesado químico ha simplificado el proceso de preimpresión, reduciendo el impacto ambiental y mejorando la eficiencia, al eliminar la necesidad de revelado químico.

11. **Explique la diferencia entre el relieve *(embossing)* y el relieve invertido *(debossing)*.**

El relieve eleva partes del material impreso, creando una textura en la superficie, mientras que el relieve invertido hunde áreas del material, creando una impresión en la superficie.

12. **¿Qué tipo de impresión es más adecuado para tiradas extremadamente largas, como la impresión de billetes?**

　　a. *Offset*
　　b. Digital
　　c. Huecograbado
　　d. Serigrafía

13. **Describa cómo un diseñador gráfico puede utilizar *Adobe InDesign* para asegurar la correcta imposición en un proyecto editorial.**

Un diseñador gráfico puede utilizar *Adobe InDesign* para organizar y maquetar las páginas, asegurando que estén en el orden correcto para la impresión. Las herramientas de imposición del *software* permiten simular cómo se verá el producto final, lo que facilita los ajustes antes de la producción.

14. ¿Qué ventajas ofrece el estampado en caliente para la producción de cubiertas de libros de lujo?

El estampado en caliente permite aplicar láminas metálicas o holográficas. Añade un aspecto sofisticado y de alta calidad a las cubiertas de los libros. Resulta ideal para ediciones de lujo.

15. Mencione dos tipos de máquinas utilizadas en la encuadernación y su función específica.

- Máquina de encuadernación en rústica (tapa blanda): estas máquinas encolan las páginas al lomo de una cubierta de cartulina.
- Máquina de encuadernación en tapa dura: son equipos que ensamblan cubiertas rígidas y cosen o pegan las páginas al lomo.
- Máquina de encuadernación en espiral: son utilizadas para perforar las páginas y unirlas mediante espirales de plástico o metal.
- Máquina de encuadernación con grapas: estas máquinas pliegan y grapan los documentos en el lomo. Son adecuadas para folletos y revistas.
- Máquina de encuadernación wire-O: similar a la encuadernación en espiral, pero utiliza un doble anillo de metal, lo que ofrece mayor resistencia y un acabado más profesional.

Solucionario Capítulo 2

1. **Complete la siguiente oración:**

El primer paso en la prospección de mercado es realizar una **investigación** exhaustiva del mercado.

2. **Determine si la siguiente oración es verdadera o falsa: "El precio es el único criterio importante al seleccionar un proveedor de impresión".**

☐ Verdadero
☑ **Falso**

3. **¿Qué tipo de encuadernación es ideal para libros de lujo?**

a. Tapa blanda
b. **Tapa dura**
c. Encuadernación en espiral
d. Encuadernación grapada

4. **Relacione los términos con sus definiciones:**

a. Impresión digital
b. Encuadernación en tapa dura
c. Ferias del sector gráfico

<u>**a.**</u> Método de impresión más rápido y flexible para tiradas pequeñas.
<u>**c.**</u> Eventos clave para conocer proveedores y nuevas tecnologías.
<u>**b.**</u> Ofrecen protección y una presentación de alta calidad en libros.

5. **Describa una situación en la que un contrato con un proveedor de impresión podría necesitar incluir una cláusula de confidencialidad.**

Cuando el material que imprimir contiene información sensible o inédita, como en el caso de la publicación de un libro muy esperado, para evitar filtraciones de contenido antes de su lanzamiento oficial.

6. **Complete la siguiente oración:**

   La **capacidad** técnica es fundamental para la selección de un proveedor de impresión.

7. **Determine si la siguiente oración es verdadera o falsa: "Es recomendable realizar visitas *in situ* a los proveedores antes de seleccionarlos".**

   ☑ **Verdadero**
   ☐ Falso

8. **Defina la prospección de mercado en el contexto de la contratación de proveedores de impresión.**

   La prospección de mercado es la investigación y evaluación de posibles proveedores que puedan cumplir con las especificaciones técnicas y comerciales de un proyecto editorial, garantizando calidad, plazos y costos competitivos.

9. **Imagine que debe imprimir una tirada de 3.000 revistas con plazos muy ajustados. ¿Qué tipo de impresión seleccionaría y por qué?**

   La impresión digital, ya que permite una entrega rápida y es ideal para tiradas cortas, lo que garantiza cumplir con los plazos.

10. **Determine si la siguiente oración es verdadera o falsa: "La impresión *offset* es más adecuada para tiradas pequeñas y personalizadas".**

    ☐ Verdadero
    ☑ **Falso**

11. **Explique la importancia del control de calidad en la impresión de productos editoriales.**

    El control de calidad asegura que los productos cumplan con las especificaciones técnicas acordadas, previniendo errores en el color, acabados o encuadernación que podrían afectar la percepción del producto y su funcionalidad.

12. ¿Qué recurso ayuda a identificar proveedores de forma *online?*

    a. Plataformas especializadas
    b. Periódicos
    c. Redes sociales
    d. Directorios telefónicos

13. Determine si la siguiente oración es verdadera o falsa: "Las máquinas modernas en un proveedor garantizan una mayor precisión y calidad".

    ☑ **Verdadero**
    ☐ Falso

14. Complete la siguiente oración.

La **puntualidad** de entrega es clave para evitar retrasos en la producción editorial.

15. ¿Qué tipo de impresión es más adecuado para grandes volúmenes de producción?

    a. Impresión digital
    b. Impresión *offset*
    c. Impresión flexográfica
    d. Impresión 3D

Solucionario Capítulo 3

1. **Defina qué es un *planning* en producción editorial y mencione su importancia en el proceso de impresión.**

   El *planning* en producción editorial es una herramienta que organiza las diferentes fases del proceso productivo, como la impresión, la encuadernación y el acabado. Incluye la secuencia de tareas, los tiempos estimados, los recursos asignados y los responsables de cada etapa. Su importancia radica en evitar errores, coordinar tareas y asegurar entregas oportunas.

2. **Enumere dos factores que se deben considerar al elaborar un *planning* para la producción editorial.**

   ■ Cantidad de productos
   ■ Complejidad del proyecto
   ■ Disponibilidad de recursos (humanos y técnicos)
   ■ Plazos de entrega
   ■ Tipos de acabados necesarios

3. **¿Qué herramienta gráfica es más adecuada para visualizar el solapamiento de tareas en un proyecto editorial?**

   a. **Diagrama de Gantt**
   b. Diagrama PERT
   c. Planilla de *Excel*
   d. *Software* de diseño

4. **Explique la diferencia entre un diagrama de Gantt y un diagrama PERT en la planificación editorial.**

   El diagrama de Gantt representa tareas en barras horizontales indicando su duración en el tiempo, útil para visualizar solapamientos y la secuencia de tareas. El diagrama PERT, más técnico, muestra las interdependencias entre tareas y ayuda a identificar el "camino crítico" para evitar retrasos en proyectos complejos.

5. Describa cómo el seguimiento continuo beneficia el control de la producción editorial.

El seguimiento continuo permite monitorear el avance de las tareas, detectar retrasos y realizar ajustes. Ayuda a mantener la calidad, asegurar la entrega a tiempo y prevenir problemas, como averías de máquinas, antes de que afecten al proceso completo.

6. Mencione dos ventajas de usar *software* de gestión de proyectos como *Trello* o *Asana* en la planificación editorial.

   ▪ Asignación de tareas y tiempos de manera detallada
   ▪ Seguimiento en tiempo real del progreso
   ▪ Posibilidad de ajustar tiempos y recursos rápidamente
   ▪ Comunicación efectiva entre los responsables de cada fase

7. ¿Qué sistema de control automatiza la comunicación entre máquinas en una imprenta?

   a. JDF
   b. *Excel*
   c. PERT
   d. *Asana*

8. Explique cómo el JDF facilita la coordinación de las fases de producción en la industria gráfica.

El JDF *(Job Definition Format)* conecta todas las etapas de producción, permitiendo que las máquinas y sistemas compartan información en tiempo real. Automatiza el flujo de trabajo, reduce errores y optimiza recursos al proporcionar instrucciones claras para cada fase, desde la impresión hasta el acabado.

9. Describa un escenario en el que un sistema experto optimiza la producción en una imprenta.

En una imprenta con dos máquinas de impresión, un sistema experto analiza la carga de trabajo y distribuye tareas automáticamente. Por ejemplo, si una máquina está saturada, el sistema reasigna trabajos a otra disponible, ajustando tiempos y evitando retrasos en la producción.

10. **¿Qué herramienta de control de entregas ofrece seguimiento en tiempo real y optimización de rutas?**

    a. *Onfleet*
    b. *Trello*
    c. *Excel*
    d. *Google Sheets*

11. **Reflexione sobre los posibles problemas que pueden surgir si no se realiza un seguimiento adecuado del *planning* en la producción editorial.**

Los problemas pueden incluir retrasos en la entrega, falta de coordinación entre fases, uso ineficiente de recursos, errores en el producto final (páginas mal encuadernadas, mala calidad de impresión) y, en última instancia, insatisfacción del cliente. Un seguimiento adecuado previene estos problemas.

12. **Analice la importancia de identificar el "camino crítico" en un diagrama PERT.**

Identificar el "camino crítico" es importante para entender cuáles son las tareas esenciales cuya demora retrasaría todo el proyecto. Este análisis permite enfocar recursos y monitorear tareas clave, asegurando que se cumplan los plazos establecidos.

13. **Enumere dos beneficios de implementar sistemas expertos en la producción editorial.**

- Reducción de errores humanos
- Ahorro de tiempo en la planificación y toma de decisiones
- Uso más eficiente de recursos (máquinas y personal)
- Anticipación de problemas y toma de decisiones automatizadas

14. **Describa cómo el JDF contribuye a la sostenibilidad en la producción editorial.**

El JDF mejora la eficiencia al reducir el desperdicio de papel y tinta, optimiza el uso de energía en las máquinas y minimiza errores. Esto lleva a una producción más sostenible al disminuir los desechos y el consumo de recursos.

15. Explique la importancia de la retroalimentación tras la entrega de productos editoriales.

La retroalimentación permite evaluar la eficiencia del proceso de entrega, identificar posibles mejoras en el embalaje, de coordinación con los transportistas, y planificar futuras entregas de manera más efectiva, con lo cual mejora la satisfacción del cliente y la calidad del servicio.

Análisis y control de la desviación presupuestaria del producto editorial

Solucionario Capítulo 1

1. **Indique si son verdaderas o falsas las siguientes frases:**

    a. La mala calidad de las materias primas nunca podría ser un error apreciable por los clientes.

    ☐ Verdadera
    ☑ **Falsa**

    b. El presupuesto plasma la planificación estratégica de la empresa.

    ☐ Verdadera
    ☑ **Falsa**

    c. El presupuesto simplemente constituye una relación de ingresos y gastos correspondientes a un periodo.

    ☐ Verdadera
    ☑ **Falsa**

2. **El sistema de calidad de la empresa...**

    a. ... no requiere de homologaciones ya que es propio de cada compañía.
    b. ... requiere un gran desembolso inicial pero no mantenimiento.
    c. **... busca la satisfacción del cliente.**
    d. ... no puede ser implantado por personal de la empresa.

3. **En la determinación del precio una vez calculados los recursos necesarios...**

 a. ... solo se tienen en cuenta los costes de producción directos, como materia prima y suministros.
 b. **... se tienen en cuenta todos los gastos del proceso productivo.**
 c. ... no se añade el margen que se lleva la empresa, esto siempre lo determina la competencia.
 d. ... siempre se usa la fórmula: $Precio = \dfrac{CV(unitario) + \dfrac{CF}{n^o \ unidades}}{1 - MB}$

4. **Los costes variables...**

 a. ... son progresivos cuando aumentan proporcionalmente según el nivel de actividad de la empresa.
 b. ... son inversos cuando disminuyen mientras la producción aumenta.
 c. **... varían en función de la actividad.**
 d. ... se producen siempre independientemente del nivel de producción.

5. **La desviación en costes fijos...**

 a. ... es favorable cuando solo afecta a un centro de coste.
 b. **... es desfavorable cuantitativamente cuando los costes reales son mayores que los presupuestados.**
 c. ... se produce en raras ocasiones pues los gastos fijos están siempre fijados con anterioridad.
 d. ... no es necesario calcularla ya que la imputación se hace siempre al mismo producto.

6. **¿Cuál de las siguientes frases es correcta?**

 a. Los costes semifijos presentan una parte fija y otra que varía en función de la actividad.
 b. Los costes degresivos aumentan cuando la producción disminuye.
 c. Los costes proporcionales aumentan proporcionalmente con la producción.
 d. **Las respuestas b y c son correctas.**

7. ¿Cuál de las siguientes frases es correcta?

    a. Los costes directos se imputan directa e inequívocamente al producto o servicio al que se refieran.
    b. Para determinar los costes indirectos es necesario aplicar reglas de reparto ya que su origen no es específico.
    c. Los costes indirectos pueden ser fijos o variables.
    d. Todas las respuestas anteriores son correctas.

8. ¿Cuál de las siguientes frases es incorrecta?

    a. Las desviación en un coste variable puede deberse a un cambio en el precio presupuestado.
    b. La desviación en un coste variable puede deberse a un cambio en la cantidad usada de materia prima.
    c. Las desviaciones en costes variables pueden ser técnicas o económicas.
    d. Las desviaciones en costes variables pueden ser cualitativas o cuantitativas.

9. El método de determinación del precio basado en los de la competencia es:

    a. Factible cuando la empresa busca cuota de mercado.
    b. Factible cuando la empresa busca reconocimiento de marca.
    c. Factible cuando la empresa pueda soportar la venta bajo coste de algunos de sus productos.
    d. Todas las respuestas anteriores son correctas.

10. Los errores frente a clientes...

    a. ... no constituyen más coste para la empresa ya que normalmente no son subsanados.
    b. ... solo están relacionados con fallos en las entregas.
    c. ... pueden ser de cualquier tipo siempre que afecte al producto o servicio entregado al cliente.
    d. Todas las respuestas anteriores son incorrectas.

11. Clasifique los siguientes costes en función de los dos parámetros vistos en el capítulo: directos o indirectos y fijos o variables.

COSTE	DIRECTO	INDIRECTO	FIJO	VARIABLE
Amortización de maquinaria usada para varios productos		X	X	
Materias primas	X			X
Sueldo de director general		X	X	
Energía eléctrica		X		X
Sueldo de jefe de producto	X		X	
Amortización de fábrica monoproducto	X		X	

12. Relacione los siguientes costes con su tipo:

    a. Tarifa plana de consumo telefónico por tramos.
    b. Materia prima.
    c. Horas extraordinarias.
    d. Amortización de la maquinaria por cuotas constantes.

    d. Fijo.
    a. Semifijo.
    c. Variable progresivo.
    b. Variable proporcional.

13. ¿Qué tipo de desviaciones ofrecen los siguientes casos?

■ Cambio de precio en materias primas. **Desviación económica en costes variables**
■ Cien embalajes defectuosos en un pedido. **Desviación técnica en costes variables**
■ Cambio en el precio del alquiler de maquinaria. **Desviación en costes fijos**
■ Absentismo laboral en trabajadores contratados por empresas de trabajo temporal. **Desviación técnica en costes variables**

14. ¿Qué costes iniciales conlleva la implantación de un sistema de calidad en la empresa?

■ Formación específica a trabajadores o contratación de expertos en la materia.
■ Formación a su vez del resto de trabajadores en las nuevas pautas de calidad.
■ Diseño del plan de calidad (materias primas y procesos).
■ Homologaciones y certificaciones.

15. ¿Qué ventajas aporta la externalización de procesos en cuanto a desviaciones?

Las desviaciones podrían ser las mismas, técnicas en cuanto a la cantidad de suministro y económicas por variaciones en el precio, pero la responsabilidad sería de la empresa subcontratada y el sobrecoste de las desviaciones sería asumido por ella ya que habría incumplido sus obligaciones contractuales.

Solucionario Capítulo 2

1. **Indique si las siguientes cuestiones son verdaderas o falsas:**

   a. El sector editorial podría estar incluido en el sector cuaternario cuando vende productos digitales.

      ☑ **Verdadera**
      ☐ Falsa

   b. La segmentación de mercados es útil para establecer grupos más pequeños de consumidores con características parecidas en cuanto a su consumo.

      ☑ **Verdadera**
      ☐ Falsa

   c. La segmentación de mercados ayuda a detectar posibles nichos de mercado.

      ☑ **Verdadera**
      ☐ Falsa

2. **Los segmentos de mercado...**

   a. ... deben ser homogéneos y de tamaño pequeño para dirigirse mejor a sus integrantes.
   b. **... deben ser homogéneos y de tamaño considerable para que el resultado sea interesante.**
   c. ... en base a un criterio geográfico no son adecuados para el sector editorial que se caracteriza por ventas en otros países.
   d. ... en base al criterio del comportamiento del consumidor incluyen la edad y el momento de compra como variables.

3. Los tipos de clientes editoriales...

    a. ... son siempre consumidores finales ya que los editores siempre desarrollan todo el proceso productivo.

    b. ... son minoristas o distribuidores y consumidores finales según el desglose de la cadena desde la producción hasta la venta final.

    c. ... son siempre minoristas porque es el tipo de distribución más apropiado para el sector.

    d. ... genéricamente son minoristas o clientes finales aunque este último grupo se divide en varios mercados según el producto.

4. La divulgación especializada trata temas...

    a. ... normalmente científicos destinados a universidades.

    b. ... diversos con contenidos destinados a la obtención de certificados oficiales de estudios.

    c. ... que tienen como finalidad ayudar al lector.

    d. ... diversos redactados en forma de prosa y poesía.

5. Los productos sustitutos...

    a. ... nunca son competidores ya que operan en otros mercados.

    b. ... pueden suponer una amenaza siempre y cuando cubran la misma necesidad al consumidor y partan del mismo presupuesto para satisfacerla.

    c. ... son competidores directos que actúan en el mismo segmento/mercado.

    d. ... no existen en el mercado editorial.

6. ¿Cuál de las siguientes respuestas es correcta?

    a. Un número elevado de empresas en un mismo sector intensifica la competencia directa.

    b. Las barreras de salida posibilitan que las empresas permanezcan en el mercado.

    c. La competencia potencial es alta cuando los costes fijos y las inversiones iniciales en la actividad son bajas.

    d. Todas las respuestas anteriores son correctas.

7. ¿Cuál de las siguientes respuestas es correcta?

a. Cuando el producto está estandarizado es más fácil acceder al mercado por parte de competidores potenciales.

b. El fácil acceso a los canales de distribución posibilita que las empresas entren en el sector.

c. La alta competencia en el sector no afecta a la cuota de mercado de cada una de las empresas integrantes, ya que esta está determinada por las inversiones en publicidad y otros elementos del *marketing mix*.

d. La especialización constituye una forma de aumento de la cuota de mercado.

8. ¿Qué respuesta es correcta sobre los tipos de productos?

a. Los productos incógnita pueden presentar pérdidas y ser retirados del mercado.

b. Los productos estrella constituyen el bien más preciado de la empresa porque los diferencia del resto de competidores y se obtienen grandes beneficios.

c. Las empresas buscan que los productos estrella se conviertan en productos vaca para aumentar su rentabilidad absoluta.

d. Las respuestas b y c son correctas.

9. En cuanto a las fases del producto, ...

a. ... en la fase de declive el producto más representativo es el "perro", no hay mercado para el producto y las ventas caen.

b. ... la fase de madurez se caracteriza por ventas en aumento y diversidad de competidores.

c. ... el producto característico de la fase de crecimiento es el incógnita.

d. Todas las respuestas anteriores son correctas.

10. Enumere las características principales de los manuales profesionales como mercado editorial.

▮ Son didácticos.

▮ Están enfocados a ámbitos profesionales.

▮ Las ventas se producen a particulares, centros educativos y universidades.

▮ Sus autores suelen pertenecer a ámbitos profesionales y también publican artículos de divulgación especializada.

11. Cite las etapas del proceso de segmentación de mercados.

- Definición de las variables o criterios de segmentación.
- Estudio de segmentos.
- Definición de cada segmento con sus características.
- Elección del segmento.
- Elección de política de *marketing*.

12. Relacione los siguientes eslóganes publicitarios con su estrategia de posicionamiento.

- a. "El mejor precio del mercado. Si encuentra algo más barato le devolvemos su dinero".
- b. "Venta exclusiva de la nueva obra del reciente Nobel de Literatura".
- c. "Todos nuestros productos ofrecen la más alta calidad en encuadernación y materiales".
- d. "Rarezas literarias en versión coleccionista".

d. Nicho de mercado.
a. Diferenciación por precio.
b. Diferenciación por exclusividad en la distribución.
c. Diferenciación por la calidad en el producto.

13. Determine qué tipo de preguntas destinadas a encuestas son las siguientes.

- ¿Con qué frecuencia adquiere prensa diaria? **Cuantitativa**
- ¿Tienen hijos? **Cuantitativa**
- ¿Qué busca principalmente en productos literarios destinados a sus vacaciones? **Cualitativa**
- ¿Suele regalar libros? **Cuantitativa**

14. Relacione los siguientes colectivos con su mercado editorial más acorde según la lista dada:

a. Familias con hijos en edad escolar.
b. Solteros con gran capacidad adquisitiva.
c. Adolescentes.
d. Personal docente universitario.

b. Narrativa y poesía de alta calidad.
a. Libros de texto.
d. Divulgación especializada.
c. Literatura juvenil.

15. Encuentre algunos de los mercados editoriales en la sopa de letras:

Z	J	L	W	E	Y	A	R	R	A	U	K	Q	U
Q	Ñ	N	A	R	R	A	T	I	V	A	O	S	P
U	I	T	G	X	N	L	I	T	N	A	F	N	I
A	E	I	O	I	O	O	U	M	G	M	C	A	T
B	X	W	E	T	I	V	D	R	J	Q	O	E	B
R	O	A	X	P	R	E	N	S	A	P	O	Q	P
M	N	E	Y	A	Y	A	I	Ñ	K	W	Y	L	N
U	T	S	Q	H	A	D	U	Y	A	O	T	U	A
M	C	T	S	T	C	V	E	D	N	F	E	V	F
D	I	V	U	L	G	A	C	I	O	N	C	W	B

Solucionario Capítulo 3

1. **Indique si las siguientes frases son verdaderas o falsas:**

   a. El control presupuestario solo afecta a la localización de desviaciones y no a su solución.

   ☐ Verdadero
   ☑ **Falso**

   b. Los estados previsionales son útiles para hacer estudios previos de la rentabilidad económica y financiera esperada.

   ☑ **Verdadero**
   ☐ Falso

   c. No es necesario estudiar el motivo de las desviaciones favorables ya que son positivas para la empresa.

   ☐ Verdadero
   ☑ **Falso**

2. **La finalización de contratos con proveedores...**

   a. ... siempre implica una desviación.
   b. **... puede ocasionar una desviación si los pedidos no son suministrados.**
   c. ... es una desviación favorable.
   d. ... siempre implica un nuevo contrato con los mismos.

3. **Las desviaciones en costes de amortización...**

   a. ... nunca son posibles pues las cuotas se calculan según criterios fijos.
   b. **... no son habituales pero pueden producirse si la amortización se realiza según el número de unidades elaboradas.**
   c. ... están ocasionadas por finalización de contratos con proveedores.
   d. ... están ocasionadas por descensos en la cuota de mercado.

4. **Los estados previsionales son:**

   a. Tres: balance anual, estado de cambios en el patrimonio neto y cuenta de resultados.
   b. Dos: balance anual y cuenta de pérdidas y ganancias.
   c. **Tres: balance previsional, cuenta de resultados previsional y presupuesto de tesorería.**
   d. Tres: balance, cuenta de pérdidas y ganancias y estado de flujos de efectivo.

5. **¿Cuál de las siguientes frases es correcta?**

   a. El umbral de rentabilidad siempre viene expresado en unidades físicas.
   b. El umbral de rentabilidad siempre viene expresado en cantidad total de facturación.
   c. **El umbral de rentabilidad determina el nivel de ventas necesario para cubrir costes y empezar a obtener beneficio.**
   d. Todas las respuestas anteriores son incorrectas.

6. **¿Cuál de las siguientes frases es correcta?**

   a. La rentabilidad financiera tiene en cuenta la estructura de deuda y de capitales propios en la empresa.
   b. La rentabilidad financiera es la rentabilidad de los fondos propios o de los accionistas.
   c. La rentabilidad económica mide la rentabilidad de las inversiones en activos realizadas en la empresa.
   d. **Las respuestas a y b son correctas.**

7. **¿Cuál de las siguientes frases es correcta?**

   a. El orden de prioridad de factores para elegir al proveedor es: precio, calidad y servicio.
   b. **La elección de los proveedores es siempre personal aunque existen factores comunes que ayudan a hacer la elección.**
   c. El precio es el factor más determinante en la elección del proveedor ya que los precios bajos hacen más competitiva a la empresa.
   d. Las respuestas a y b son correctas.

8. El descuento por volumen o rappel...

   a. ... establece precios más bajos de los habituales por adquirir ciertos productos o paquetes.
   b. **... puede ser acumulativo, donde se tiene en cuenta el volumen de compras anteriores.**
   c. ... tiene por origen el pronto pago.
   d. ... se producen al inicio de la temporada.

9. ¿Cuál de las siguientes frases es incorrecta?

   a. **Los proveedores de materias primas no son críticos.**
   b. Los proveedores no críticos aportan productos o servicios no imprescindibles para la actividad.
   c. Los acreedores por prestaciones de servicios facilitan todo tipo de servicios precisos para llevar a cabo la producción.
   d. Los acreedores por prestaciones de servicios pueden ser proveedores críticos.

10. ¿Cuál de las siguientes frases es correcta en relación a los históricos de presupuestos?

    a. Son útiles para hacer futuros pronósticos.
    b. Sirven para estudiar la tendencia en la venta de productos.
    c. Constituyen una importante fuente de retroalimentación sin costes adicionales, como son los estudios de mercado u otros procesos análogos.
    d. **Todas las respuestas anteriores son correctas.**

11. Indique las etapas del proceso del control presupuestario.

    ▪ Comparación de resultados reales con los previstos.
    ▪ Identificar y cuantificar las diferencias.
    ▪ Detectar el lugar de origen y motivo de las desviaciones.
    ▪ Diseñar y aplicar medidas correctoras.
    ▪ Seguimiento de las medidas impuestas.

12. **Señale las diferencias que existen entre los proveedores críticos y los no críticos.**

Los proveedores críticos suministran elementos, productos o servicios imprescindibles en el proceso productivo, mientras que los no críticos abastecen otros de menor importancia, necesarios pero no imprescindibles en el proceso productivo.

13. **Localice en el siguiente gráfico el punto de equilibrio, la zona de beneficios, la de pérdidas, el nivel de coste total, el de costes fijos y el de ventas.**

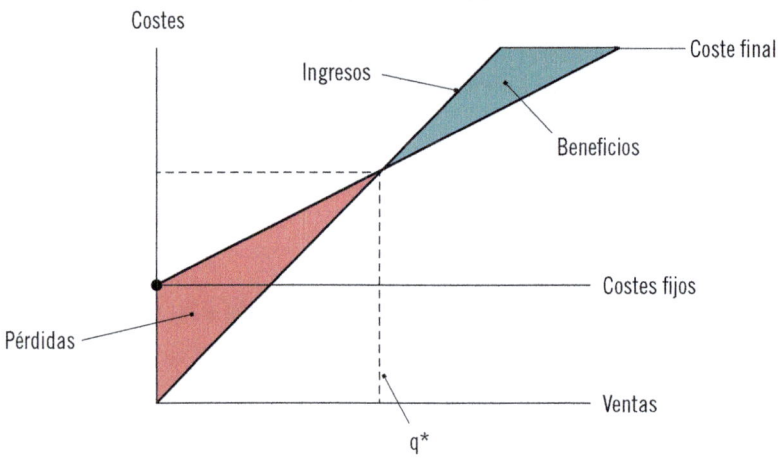

14. **La cuenta de resultado y el balance previsional de una empresa arrojan los siguientes datos:**

- Resultado de la explotación (BAII)= 35181
- Resultado del ejercicio (BN)= 25636
- Activo total= 101632
- Capital social= 60000
- Reservas= 1200

¿Cuál es la rentabilidad económica esperada?

a. 26 %.
b. 3,46 %.
c. **34,61 %.**
d. 17,34 %.

15. Teniendo en cuenta los datos anteriores, ¿cuál es la rentabilidad financiera esperada?

    a. 41,88 %.
    b. 58,22 %.
    c. 41,96 %.
    d. 30 %.